INVENTAIRE
F 27950

DES

DROITS & OBLIGATIONS

DU TIERS DÉTENTEUR

EN MATIÈRE HYPOTHÉCAIRE

PAR

GEORGES ALLARD

DOCTEUR EN DROIT

AVOCAT A LA COUR D'APPEL DE DOUAI

Ouvrage couronné par la Faculté de droit de Douai

Prix : 2 fr. 50

AF474557

PARIS

A. MARESCQ AINÉ, LIBRAIRE-ÉDITEUR

Rue Soufflot, 17, près le Panthéon

1875

DES

DROITS ET OBLIGATIONS

DU TIERS DÉTENTEUR

EN MATIÈRE HYPOTHÉCAIRE

F

2795

Corbeil. — Typ. et stér. de Crété fils.

DES

DROITS & OBLIGATIONS

DU TIERS DÉTENTEUR

EN MATIÈRE HYPOTHÉCAIRE

PAR

GEORGES ALLARD

DOCTEUR EN DROIT

AVOCAT A LA COUR D'APPEL DE DOUAI

BIBLIOTHÈQUE NATIONALE R.F. IMPRIMÉS

Ouvrage couronné par la Faculté de droit de Douai

(Extrait de la *Revue pratique de Droit français.*)

PARIS

A. MARESCQ AINÉ, LIBRAIRE-ÉDITEUR

Rue Soufflot, 17, près le Panthéon

1875

A

M. DESJARDINS

AVOCAT GÉNÉRAL A LA COUR DE CASSATION

C'est de vos mains, Monsieur l'Avocat Général, que j'ai reçu la médaille d'or accordée par la Faculté de droit de Douai à ce travail.

Aujourd'hui que je le livre à la publicité, permettez-moi de l'abriter sous le haut patronage de votre nom.

G. ALLARD.

Douai, ce 1er mai 1875.

DES DROITS ET OBLIGATIONS

DU TIERS DÉTENTEUR

EN MATIÈRE HYPOTHÉCAIRE

INTRODUCTION

1. « Les créanciers ayant privilége ou hypothèque inscrite sur un immeuble, le suivent en quelques mains qu'il passe pour être colloqués et payés suivant l'ordre de leurs créances ou inscriptions. » Tel est, suivant l'article 2166, l'effet des priviléges et hypothèques. En d'autres termes, et pour nous servir d'une formule que l'usage a consacrée : *le créancier hypothécaire a un droit de préférence et un droit de suite:* — Un droit de préférence, qui lui permet de se faire payer sur le prix de l'immeuble hypothéqué avant tous les créanciers chirographaires, et même avant tous les autres créanciers hypothécaires postérieurement inscrits ; — Un droit de suite, en vertu duquel il peut atteindre l'immeuble partout et en quelques mains qu'il se trouve.

C'est l'exercice de ce droit de suite qui met aux prises le créancier avec le tiers détenteur.

2. Lorsqu'un débiteur vend un immeuble hypothéqué, cet immeuble, quoique ne faisant plus partie de son patrimoine reste néanmoins soumis à l'hypothèque dont il l'a grevé. Le

créancier peut poursuivre le tiers détenteur, et celui-ci devra délaisser l'immeuble, si mieux il n'aime acquitter les dettes hypothécaires ; sinon et faute par lui de satisfaire à l'une de ces obligations, les créanciers hypothécaires ont, d'après l'article 2169, le droit de faire vendre sur lui l'immeuble hypothéqué. Aussi est-il facile de voir combien l'hypothèque formerait obstacle aux mutations de propriété, si le tiers détenteur ne trouvait dans la purge un moyen d'obtenir à l'avance le dégrèvement de son immeuble, et n'avait ainsi le droit de prévenir les poursuites en expropriation qui seraient dirigées contre lui. Mais ce n'est pas tout. En vertu de l'exception de discussion que lui confère l'article 2170, le tiers détenteur peut renvoyer le créancier à discuter au préalable les immeubles hypothéqués à sa créance et qui sont demeurés en la possession du débiteur principal ou des principaux obligés. Le créancier devient-il héritier du vendeur ? Comme il se trouve dès lors personnellement obligé à garantir au tiers détenteur la libre possession de son immeuble, celui-ci, s'il est attaqué par lui, pourra lui opposer l'exception de garantie. En tous cas, le tiers détenteur qui délaisse l'immeuble, ou qui se laisse exproprier, peut toujours répéter ses impenses et améliorations jusqu'à concurrence de la plus-value résultant de l'amélioration.

3. C'est l'étude de ces droits et obligations qui forme le sujet de ce travail.

Nous les étudierons à quatre époques différentes : en droit romain ; — dans l'ancien droit français ; — sous le droit intermédiaire ; — et dans notre droit actuel.

4. Droit romain. — Importée par le préteur de la législation grecque dans la jurisprudence romaine, l'hypothèque y était considérée comme un gage constitué par un simple pacte, non suivi de tradition : elle assurait donc au créancier tous les droits qui résultent du gage lui-même, à l'exception du droit de vendre, qui n'était attaché qu'à la détention corporelle de la chose.

Ainsi l'hypothèque ne devenait efficace entre les mains du créancier que par sa mise en possession, qui seule lui donnait le droit de vendre le gage, soit publiquement, soit de gré à gré, pour se payer sur le prix. Indépendamment de l'interdit Salvien qui lui était délivré contre le débiteur principal et ses héritiers pour obtenir la possession du gage, il pouvait agir contre tout tiers détenteur au moyen de l'action quasi-servienne ou hypothécaire; cette action avait pour objet de faire condamner le défendeur à abandonner la possession du gage au profit du demandeur, à charge par ce dernier de justifier de l'existence de son droit.

5. A l'origine, le créancier hypothécaire pouvait attaquer indistinctement le débiteur principal ou le tiers détenteur. La Novelle IV de Justinien fit cesser cet état de choses en forçant le créancier à actionner directement le débiteur. Dès lors c'était seulement en cas d'insolvabilité de celui-ci qu'il pouvait se retourner contre le détenteur et agir contre lui au moyen de l'action hypothécaire. La discussion était donc forcée : ce n'était pas comme en droit français une simple exception dilatoire livrée au bon plaisir du tiers détenteur.

6. Outre le bénéfice de discussion, le tiers détenteur avait :

1° L'exception de garantie contre le créancier poursuivant, qui se trouvait, de quelque manière que ce fût, personnellement obligé envers lui à la garantie de l'éviction : *Quem de evictione tenet actio, eumdem agentem repellit exceptio.*

2° L'exception *cedendarum actionum*, fondée sur ce motif d'équité qui veut qu'on cède à autrui ce qui peut lui être utile, alors qu'on n'en peut soi-même retirer aucun avantage. La cession d'actions s'obtenait au moyen d'une exception de dol; elle était nécessaire au tiers détenteur, car lorsqu'il payait le créancier hypothécaire, afin de conserver l'objet hypothéqué, il n'était pas subrogé de plein droit (1).

3° L'exception à raison des impenses permettait au détenteur de retenir l'immeuble hypothéqué jusqu'à ce que le créancier lui eût restitué ses dépenses et améliorations (2).

7. Quant à la purge, elle était inconnue à Rome. Sans doute le droit romain nous présente dans les ventes publiques poursuivies par autorité du magistrat quelque chose qui s'en rapproche un peu. Dans ces ventes les créanciers étaient avertis par des signes publics, et ceux qui, étant présents et ainsi avertis, n'exerçaient pas leur droit hypothécaire, pouvaient être considérés comme l'ayant perdu : *Si eo tempore, quo prædium distra-*

(1) L. 19, *Qui potiores.*
(2) L. 29, § 2, *de pign. et hyp.*

hebatur, programmate admoniti creditores, cùm præsentes essent, jus suum executi non sunt, possunt videri obligationem pignoris amisisse (1). Mais rien de semblable n'avait lieu dans les aliénations volontaires, et la législation romaine n'avait organisé aucun moyen, à l'aide duquel le tiers détenteur pût payer son prix et soustraire ainsi les biens par lui acquis à l'action hypothécaire des créanciers de son vendeur.

8. Ancien droit français. — Dans l'ancien droit français, l'hypothèque étant occulte, ne pouvait devenir efficace contre les tiers détenteurs qu'après que l'existence en avait été reconnue en justice, contradictoirement avec eux. De là l'action réelle hypothécaire, appelée aussi la *pure action hypothécaire*, qui avait lieu contre le tiers détenteur de l'immeuble hypothéqué : elle tendait à ce que l'immeuble fût déclaré affecté et hypothéqué à la dette, et partant à ce que le détenteur fût condamné à le délaisser au créancier. Les conclusions en étaient donc purement réelles, et étaient dirigées contre la chose et non contre la personne, qui n'était tenue d'aucune obligation. Toutefois, comme le but final des poursuites du créancier était d'obtenir par la vente de l'immeuble le payement de sa créance, et que souvent le tiers détenteur pouvait avoir intérêt à la conservation de sa chose, on lui réservait la faculté de satisfaire aux poursuites par le payement de la dette en principal, intérêts et frais.

9. Le détenteur pouvait aussi, avant la contestation en cause, opposer au créancier l'exception de discussion. Nous en avons vu l'origine dans la Novelle IV. Toutefois elle présentait dans notre ancienne jurisprudence française un tout autre caractère que dans les lois romaines. La discussion n'était plus forcée, mais simplement facultative. C'était une pure exception de faveur accordée au tiers détenteur et dont celui-ci pouvait user ou ne pas user à son gré.

Même ainsi restreinte, elle n'avait pas été admise par toutes les coutumes, et dans celles qui ne la refusaient pas expressément, ses applications étaient fort rares; la pratique la rejeta au rang des moyens de second ordre appelés *de apicibus juris*, et en fit une pure exception dilatoire qu'elle

(1) L. 6, Cod., *de remissione pignoris.*

soumit même à des conditions onéreuses. C'est ainsi que s'établit l'usage de proposer cette exception *in limine litis*, de faire désigner au préalable par le détenteur les biens du débiteur à discuter, de mettre à ses frais la discussion elle-même. Il est probable que ce fut sous l'impulsion de jurisconsultes qui avaient compris que le bénéfice de la Novelle rendait trop favorable la situation des tiers détenteurs et qu'il fallait chercher à diminuer cette faveur pour la faire moins redouter des créanciers.

10. Lorsque le créancier hypothécaire était personnellement obligé envers le détenteur à la garantie de l'héritage qui lui était hypothéqué, par exemple, comme étant devenu l'héritier du vendeur, il résultait de cette obligation de garantie une exception péremptoire contre son action hypothécaire.

11. Outre l'exception de discussion et l'exception de garantie, le détenteur avait, pour arrêter l'action hypothécaire, l'exception appelée *cedendarum actionum*, lorsque le créancier poursuivant, obligé de le subroger dans tous ses droits, actions et hypothèques, avait par son fait rendu cette subrogation impossible (1).

Pothier fait remarquer que la cession d'actions ne pouvait être utile au détenteur poursuivi contre un autre détenteur que lorsqu'ils avaient acquis de différents vendeurs. Car s'ils avaient acquis de la même personne, de deux choses l'une : — ou le détenteur poursuivi avait acquis le premier, et alors tous les immeubles de son vendeur étaient hypothéqués à la garantie ; il avait, de son chef, une action contre tous les acquéreurs postérieurs pour faire réparer le dommage que lui avait causé l'éviction, il n'avait pas besoin de la cession d'actions ; — ou bien il avait acquis après l'autre détenteur, et alors il ne pouvait le poursuivre, parce que, étant tenu hypothécairement à la garantie envers ce détenteur, il aurait été repoussé par l'exception de garantie dont il vient d'être question (2). Mais supposons un débi-

(1) Pothier, *de l'Hypoth.*, nos 42 et suiv.

(2) M. Bugnet fait fort justement observer que ce raisonnement de Pothier, vrai dans notre ancien droit, parce que tout contrat de vente conférait à l'acheteur hypothèque générale sur tous les immeubles du vendeur, ne serait plus exact aujourd'hui, notre droit actuel ne reconnaissant pas cette hypothèque générale (Pothier, *de l'Hypoth.*, n° 41, note 1).

teur qui a hypothéqué trois immeubles pour la sûreté d'une dette; il meurt laissant trois héritiers et le partage attribue à chacun d'eux l'un des immeubles hypothéqués, qu'ils vendent à différents particuliers : le tiers acquéreur de l'un de ces immeubles pourra, au moyen de la cession d'actions, agir contre chacun des autres détenteurs.

12. Le détenteur, qui avait par ses dépenses amélioré l'immeuble hypothéqué, pouvait-il, comme en Droit romain, le retenir jusqu'au remboursement de ses impenses ? Non, cela n'était pas admis dans notre ancien droit : Loyseau (1) et Pothier (2) enseignaient que le détenteur poursuivi devait délaisser, sauf à se faire payer de ses impenses nécessaires par privilége sur tout le prix, et des impenses utiles par privilége sur la plus-value produite par lesdites dépenses. La raison est qu'en droit romain un créancier n'avait le droit de faire vendre le gage qu'après avoir désintéressé les créanciers qui lui étaient préférables (*jus offerendæ pecuniæ*). Avec une telle règle, toute hypothèque privilégiée conférait par là même un droit de rétention. Mais dans notre ancien droit, comme aujourd'hui, tout créancier, quel que fût son rang hypothécaire, pouvait faire vendre, sauf à chacun à faire valoir ses droits sur le prix de la vente. Le détenteur, tout privilégié qu'il était, n'avait donc plus le droit de rétention.

13. Nous avons dit plus haut que la purge était inconnue à Rome; c'est donc dans notre vieux droit français qu'il faut rechercher l'origine des formalités tracées par le Code civil pour purger les propriétés des hypothèques qui les grèvent. Cependant notre ancien droit avait conservé du droit romain ce principe, que la vente en justice d'un bien hypothéqué éteignait toutes les hypothèques qui avaient été consenties sur ce bien; aussi admettait-on chez nous que le *décret forcé*, c'est-à-dire la saisie réelle et adjudication par décret d'un immeuble vendu en justice, à la requête d'un créancier, *nettoyait toutes les hypothèques*, suivant l'expression de Loisel (3). La notoriété seule des criées qui précédaient le décret, appelait les oppositions de tous ceux qui avaient ou croyaient avoir des droits réels sur le bien saisi. Point de

(1) Loyseau, liv. III, ch. VI, n° 7.
(2) Pothier, *de l'Hypoth.*, n° 38.
(3) Loisel, L. VI, t. V, § 15.

notification individuelle aux intéressés, et déchéance contre ceux qui, par faute ou ignorance, ne s'étaient point opposés au décret.

14. Voilà ce qui se passait dans les adjudications sur saisies. Quand la vente, au contraire, était volontaire, cette extinction des hypothèques n'avait pas lieu; mais pour y arriver, on simulait une expropriation forcée. Le tiers acquéreur, qui voulait parvenir à la libération de son immeuble, créait une dette imaginaire au profit d'un ami qui, se basant sur cette obligation simulée, lui faisait commandement de payer; l'acquéreur refusait d'obtempérer à cette sommation, et l'ami saisissait réellement l'immeuble; puis, on procédait aux criées et à la vente comme dans un décret forcé; mais cette vente n'avait rien de sérieux. Le tiers acquéreur se rendait adjudicataire de son propre immeuble, et ce détour ingénieux le conduisait au moins à l'extinction des hypothèques qui grevaient son immeuble. Tel est le *décret volontaire* qui, par une convention spéciale, venait se joindre à presque tous les contrats de vente un peu importants, et qui, dit Loyseau, « sert d'un très-utile expédient pour purger les hypothèques ».

15. Toutes ces formalités étaient longues et fort dispendieuses; aussi, en 1771, intervint l'édit de Louis XV, qui abrogea les décrets volontaires et les remplaça par les *lettres de ratification*.

Voici en quoi consistait ce nouveau mode de purger: l'acquéreur déposait son contrat de vente au greffe du bailliage ou sénéchaussée dans le ressort duquel étaient situés les biens qu'il voulait purger; extrait dudit contrat était inscrit dans un tableau placé à cet effet dans l'auditoire et restait exposé pendant deux mois. Aucune lettre de ratification ne pouvait être obtenue avant l'expiration de ces deux mois. Pendant ce délai, tout créancier pouvait former entre les mains du conservateur des hypothèques opposition à l'expédition des lettres de ratification. Dans le même délai, les créanciers privilégiés et hypothécaires du vendeur qui avaient formé opposition, pouvaient se présenter au greffe et surenchérir du dixième le prix porté au contrat de vente, ou du vingtième, au cas d'une première surenchère déjà formée, à charge de fournir bonne et suffisante caution. L'acquéreur pouvait conserver l'objet vendu en fournissant le plus haut prix auquel il avait été porté.

Si à l'expiration des deux mois, aucune opposition n'avait été formée par les créanciers du vendeur, les lettres de ratification étaient expédiées et scellées, et l'immeuble purgé. S'il y avait des oppositions, il en était fait mention dans les lettres de ratification qui étaient délivrées à l'acquéreur ; et l'immeuble n'était déchargé des hypothèques, maintenues sur lui au moyen de ces oppositions, qu'après la distribution du prix faite aux créanciers opposants suivant leur ordre : créanciers privilégiés, créanciers hypothécaires et créanciers chirographaires opposants.

L'édit de 1771 constitue un progrès réel dans l'histoire du régime hypothécaire en France ; il procure une satisfaction assez complète à l'un des deux intérêts que ce régime doit sauvegarder, l'intérêt des tiers acquéreurs. Mais l'intérêt des prêteurs sur hypothèque reste encore en souffrance et ne sera définitivement protégé que par le droit intermédiaire.

16. DROIT INTERMÉDIAIRE. — Depuis la révolution de 1789 jusqu'au Code civil, la matière des hypothèques a été l'objet de deux lois importantes, l'une du 9 messidor an III, qui semble avoir eu pour but de faciliter la constitution de l'hypothèque et l'expropriation du débiteur; l'autre, du 11 brumaire an VII, qui a fait reposer tout le système hypothécaire sur ces deux principes salutaires, la *publicité* et la *spécialité*.

17. En introduisant dans notre système hypothécaire le principe de la publicité, la loi du 11 brumaire an VII a profondément modifié non les conséquences mêmes du droit de suite, mais la manifestation de ce droit dans la pratique. L'hypothèque existant envers et contre tous par le seul effet de l'inscription, il n'était plus nécessaire de mettre en cause les tiers détenteurs pour la faire proclamer avant l'exécution. Ainsi l'article 1er de la loi du 11 brumaire an VII autorisait le créancier hypothécaire à faire vendre sur le tiers détenteur, qui n'avait pas pleinement satisfait à ses obligations, comme *biens tenant*, l'immeuble hypothéqué à sa créance, trente jours après commandement fait au débiteur et sommation faite au tiers détenteur de payer la dette

exigible ou de délaisser l'héritage. Il ne pouvait donc plus être question de l'action hypothécaire telle qu'elle existait dans l'ancien droit, puisque le tiers détenteur était tenu de satisfaire le créancier après une simple mise en demeure.

18. Une autre conséquence de la publicité donnée aux hypothèques, conséquence admise par un arrêt de la Cour de cassation de 1806 et par la majorité des auteurs, était la suppression du bénéfice de discussion. En effet, tout acquéreur pouvant, avant son acquisition, aller consulter le registre des hypothèques, et savoir de suite si l'immeuble qu'il achetait était ou non libre d'hypothèque, n'avait plus à se plaindre d'une situation qu'il avait pu apprécier à l'avance et qu'il s'était faite lui-même; il ne méritait donc plus la faveur de la loi. D'ailleurs la loi de brumaire, dont le but était d'organiser un code complet sur le régime hypothécaire, ne disait pas un mot de notre bénéfice; et l'article 66 abrogeait toutes les lois, coutumes et usages antérieurs. Il n'existait donc aucun motif de donner au tiers acquéreur un bénéfice que les textes et l'équité s'accordaient à lui refuser.

19. Si la loi de brumaire omit de parler du bénéfice de discussion, il n'en fut pas de même de la purge, pour laquelle elle créa un nouveau mode de procéder reposant sur la *transcription* (1).

D'après l'article 26, les actes translatifs de propriété devaient être transcrits afin de pouvoir être opposés aux tiers. Jusque-là le vendeur n'était pas dépouillé de la propriété de l'immeuble vis-à-vis des tiers, en sorte qu'il pouvait, soit concéder des hypothèques sur cet immeuble, soit même le revendre, et l'acquéreur préféré était celui qui avait le premier rempli la formalité de la transcription. Cette transcription transmettait à l'acquéreur les droits que le vendeur avait sur l'immeuble, mais avec les dettes et hypothèques dont cet immeuble était grevé (art. 28). Si donc l'acquéreur voulait se garantir des poursuites qui pouvaient être exercées par les créanciers hypothécaires, il devait leur notifier, dans le mois de la transcription de l'acte de mutation :

1° Son contrat d'acquisition ;

(1) La transcription était la copie que faisait le conservateur des hypothèques sur un registre à ce destiné, des contrats translatifs de propriété.

2° Son certificat de transcription ;

3° L'état des charges et hypothèques dont était grevée la propriété, avec déclaration qu'il était prêt à acquitter sur-le-champ celles échues et celles à échoir, dans les mêmes termes et de la même manière qu'elles avaient été constituées ; mais le tout jusqu'à concurrence seulement du prix stipulé dans l'acte (art. 30).

Les créanciers qui pensaient que l'immeuble n'avait pas été porté à sa valeur, pouvaient, dans le mois de la notification, requérir la mise aux enchères, en s'engageant à faire porter le prix à un vingtième en sus de celui stipulé dans le contrat (art. 31). Si les créanciers ne surenchérissaient pas, la valeur de l'immeuble restait fixée au prix porté dans le contrat d'acquisition, et l'acquéreur était libéré en payant ledit prix (art. 32).

20. Telles étaient les principales dispositions de la loi de brumaire an VII. Nous ne nous y arrêterons pas plus longtemps, nous proposant d'ailleurs d'y revenir au cours de ce travail, lorsque nous expliquerons les articles 2166 à 2179, 2181 et suivants du Code civil, qui en matière hypothécaire n'a fait qu'apporter quelques modifications plus ou moins heureuses au système de la loi de brumaire.

21. Droit moderne. — Dans notre droit actuel, comme sous la législation intermédiaire, l'hypothèque étant publique, existe par le seul effet de l'inscription envers et contre toute personne, et il serait à la fois inutile et frustratoire d'actionner comme autrefois un tiers détenteur, à seule fin de la reconnaître. L'action hypothécaire a donc été remplacée par l'exécution immédiate sur les biens.

22. Mais les poursuites hypothécaires ont conservé le caractère de réalité qui appartenait à l'action dans l'ancienne jurisprudence. Cela se conçoit facilement : le contrat d'hypothèque a pour effet d'affecter une chose déterminée au paiement d'une dette au profit d'un créancier déterminé. La chose devient en quelque sorte la débitrice de ce créancier, — c'est une *res obligata*, disaient les jurisconsultes romains, — et lorsque par suite d'une vente, par exemple, elle change de maître, l'acheteur n'acquiert sur elle qu'un droit de propriété affecté et pour ainsi dire diminué de toute la valeur de

la créance dont elle garantit le paiement. La chose hypothéquée reste donc la débitrice du créancier hypothécaire en quelques mains qu'elle passe, de la même manière qu'un débiteur ordinaire n'en continue pas moins à être débiteur, quels que soient ses changements de position, de fortune ou de domicile. Quant au nouveau propriétaire de la chose, quant au tiers détenteur, il ne s'est pas obligé envers le créancier hypothécaire : il n'y a entre eux ni contrat, ni quasi-contrat; il n'est donc pas tenu au paiement de la dette. Cela est si vrai que si, par suite de son intervention, la dette qui jusqu'alors ne grevait que son immeuble, vient s'attacher à sa personne, il perd sa qualité et modifie complétement sa situation. Lors donc qu'un créancier hypothécaire agit contre un tiers détenteur, ce n'est pas sa personne qu'il recherche, mais la chose détenue par lui. De là cette conséquence que le tiers détenteur, suivant qu'il rejette la chose hors de son patrimoine ou qu'il la conserve, rejette en même temps les charges qui la grèvent ou doit y satisfaire. C'est ce qu'en droit on exprime en disant : le tiers détenteur n'est pas un obligé personnel, il est seulement obligé *propter rem* et comme *bien tenant*.

23. Cette différence entre le tiers détenteur et l'obligé personnel n'a pas été suffisamment mise en lumière par les articles 2167 et 2168 du Code civil, dont M. Troplong (1) critique fort justement la rédaction vicieuse. « Si le tiers détenteur, dit l'article 2167, ne remplit pas les formalités qui seront ci-après établies, pour purger sa propriété, *il demeure, par l'effet seul des inscriptions, obligé comme détenteur à toutes les dettes hypothécaires*..... » Et l'article 2168 ajoute : « *Le tiers détenteur est tenu*, dans le même cas, *ou de payer* tous les intérêts et capitaux exigibles, à quelque somme qu'ils puissent monter, *ou de délaisser* l'immeuble hypothéqué, sans aucune réserve. »

Il semblerait, en lisant ces articles, que le législateur a voulu mettre à la charge du tiers détenteur, comme s'il était personnellement obligé, toutes les dettes hypothécaires (2),

(1) Troplong, *des Hypoth.*, III, 782.

(2) Remarquons cependant, pour rester juste dans notre critique, que l'article 2167 ne le déclare obligé que *comme détenteur ;* ce tempérament corrige dans une certaine mesure ce qu'il y a d'inexact dans les expressions dont s'est servie la loi.

ou tout au moins, lui imposer l'alternative ou de payer ou de délaisser. Or en fait, il n'en est pas ainsi et il n'en saurait être ainsi, d'après les explications que nous avons données tout à l'heure. Le tiers détenteur, avons-nous dit; n'étant lié au créancier par aucune obligation, ne peut être tenu au paiement de la dette hypothécaire; la chose qu'il détient est seule débitrice : c'est elle seule que le créancier hypothécaire poursuit entre les mains du tiers détenteur. Comme *bien tenant*, celui-ci n'est obligé qu'à une chose : souffrir l'exercice du droit de suite, dont la conséquence directe et immédiate est l'expropriation, s'il refuse de se soumettre aux exigences des créanciers, — le délaissement, s'il préfère se soustraire à leurs poursuites. Voilà tout ce que les créanciers hypothécaires peuvent exiger du tiers détenteur; hors de là ils ne peuvent rien, et ce serait en vain qu'ils voudraient le forcer au paiement de leurs créances. Toutefois, comme c'est là le but final qu'ils se proposent d'atteindre, le tiers détenteur, en dehors de la faculté que la loi lui donne de purger, peut, s'il le préfère, leur offrir le paiement intégral de leurs prétentions en principal, intérêts et frais.

24. En d'autres termes, et pour nous résumer, le tiers détenteur, poursuivi par les créanciers hypothécaires ou privilégiés, peut prendre l'un ou l'autre de ces quatre partis :

Ou bien se laisser exproprier;

Ou bien délaisser l'immeuble;

Ou bien payer purement et simplement;

Ou enfin remplir les formalités de la purge, c'est-à-dire, faire offre aux créanciers du prix de vente.

25. De ces quatre partis les uns, tels que l'expropriation et le délaissement, ne sont que l'exercice du droit de suite et le supposent; les autres, tels que le paiement et la purge ont pour but de mettre le tiers détenteur à l'abri de ses conséquences.

26. Nous allons les examiner successivement et nous diviserons nos explications en six chapitres :

Dans un premier chapitre, nous étudierons la purge tant des hypothèques inscrites que des hypothèques légales dispensées d'inscription et non inscrites.

Dans le deuxième chapitre, nous nous occuperons du cas

où le tiers détenteur paie intégralement ou partiellement les créanciers hypothécaires.

Dans le troisième chapitre, nous traiterons du délaissement.

Dans le quatrième chapitre, nous nous occuperons du cas où le tiers détenteur, qui n'a pas d'ailleurs rempli les formalités de la purge, ne délaisse ni ne paie, et nous étudierons les conditions de l'expropriation.

Dans le cinquième chapitre, nous examinerons certaines exceptions au moyen desquelles le tiers détenteur peut, selon les circonstances, écarter provisoirement ou définitivement les poursuites des créanciers hypothécaires, et notamment l'exception de discussion. — En faisant de cette étude l'objet d'un chapitre distinct, nous avons pour plus de clarté abandonné l'ordre naturel des choses. Nous ferons, en effet, remarquer que ces exceptions se lient d'une manière étroite aux poursuites de l'expropriation dont elles ne sont que des incidents et qu'elles ont pour but de retarder, sinon d'annuler complétement.

Enfin dans un sixième et dernier chapitre nous parlerons de différentes règles communes aux divers partis que peut prendre le tiers détenteur.

CHAPITRE PREMIER

Le tiers détenteur remplit les formalités de la purge.

27. La purge est le premier et le plus simple parti à prendre pour le tiers détenteur. C'est le seul moyen qu'il ait de conserver l'immeuble dans le cas où le montant des créances hypothécaires étant de beaucoup supérieur à la valeur réelle du bien, il ne veut ou ne peut pas les payer toutes. Elle concilie tout à la fois l'intérêt des créanciers et celui du tiers acquéreur. Celui-ci leur offre une somme représentative de la valeur de l'immeuble ; ils peuvent l'accepter, ou s'ils ne la trouvent pas suffisante, faire revendre l'immeuble aux enchères.

28. L'article 2180 nous présente la purge comme une cause d'extinction des priviléges et des hypothèques, au même titre que la prescription, etc. C'est une erreur : l'analogie n'est pas complète. Qui dit extinction des priviléges et des hypothèques, dit anéantissement complet de la sûreté hypothécaire, en sorte que les créanciers ne puissent plus se prévaloir du droit de suite à l'encontre du tiers détenteur, ni du droit de préférence à l'encontre des créanciers du débiteur commun. Tels sont et tels doivent être les effets de toute cause véritable d'extinction d'un droit.

La purge, au contraire, n'est autre chose qu'un bénéfice légal accordé au tiers acquéreur d'un immeuble grevé de priviléges ou d'hypothèques, et consistant dans la faculté de se libérer des droits dont cet immeuble est grevé, en payant ou en consignant le prix de cet immeuble ou sa valeur estimative. C'est donc le paiement effectif ou la consignation du prix qui produira l'extinction des priviléges et des hypothèques. Quant à la purge elle-même, c'est-à-dire à cet ensemble de formalités que le tiers détenteur doit remplir pour offrir le prix ou la valeur estimative de l'immeuble, c'est plutôt un acheminement à l'affranchissement de l'immeuble hypothéqué, qu'une extinction des priviléges et hypothèques.

29. Ainsi comprise, la purge est un tempérament à la rigueur du droit hypothécaire : c'est un échec considérable à l'indivisibilité de l'hypothèque, puisque le tiers détenteur peut ainsi se soustraire à l'alternative que lui impose l'article 2168, de payer le montant total des créances ou de délaisser l'immeuble. Mais, comme en définitive elle met les créanciers hypothécaires dans la même situation que s'ils faisaient vendre l'immeuble par voie d'expropriation forcée, elle est vue avec faveur par la loi.

30. Inconnue en droit romain, la purge apparaît sous notre ancienne jurisprudence française. Organisée par la loi du 11 brumaire an VII, elle fut maintenue par les rédacteurs du Code, malgré les attaques nombreuses dont elle était l'objet.

31. On sait que la loi de brumaire reposait sur le principe de la publicité : toutes les hypothèques devaient être inscrites. Aussi n'était-il besoin que d'un seul mode de purger, et c'est ce mode qui, pour les hypothèques inscrites, a été consacré par les rédacteurs du Code. Toutefois, comme à la différence de la loi de brumaire, le Code civil reconnaissait l'existence de certaines hypothèques, indépendamment de toute inscription, nos législateurs devaient nécessairement organiser une purge spéciale pour les hypothèques non inscrites; c'est ce qu'ils ont fait, et pour cela, ils n'ont eu qu'à améliorer le système de l'édit de 1771.

32. Nous diviserons nos études sur la purge en cinq sections, et nous nous demanderons successivement :

Qui peut purger ;

Quels droits sont susceptibles d'être purgés ;

Quelles sont les formalités à remplir pour la purge des priviléges et hypothèques inscrits ;

Quelles sont les formalités à remplir pour la purge des priviléges et hypothèques dispensés d'inscription et non inscrits ;

Enfin, dans quels cas la purge n'est pas nécessaire, l'aliénation opérant par elle-même et de plein droit la purge des priviléges et des hypothèques.

SECTION I.

Qui peut purger.

33. En principe tout tiers détenteur peut purger, pourvu qu'il ne soit pas personnellement obligé à la dette, ni au maintien de l'hypothèque qui la garantit. Le motif de cette restriction se conçoit sans difficulté. Celui qui purge modifie le contrat principal d'où est née la dette, en forçant les créanciers hypothécaires à recevoir un paiement anticipé, ou même souvent, ce qui est plus grave, un paiement partiel. Il modifie de plus le contrat accessoire qui a créé l'hypothèque, en faisant disparaître, moyennant une indemnité, la garantie sous laquelle la créance avait été placée. Dès lors permettre de purger à un tiers détenteur qui a été partie à l'un ou l'autre de ces deux contrats, ce serait lui permettre de modifier par sa seule volonté une convention qu'il a librement formée, et de manquer à tous ses engagements. Au contraire le tiers détenteur, qui n'est pas personnellement obligé à la dette ni au maintien de l'hypothèque, peut purger, parce que n'ayant pas contracté avec le créancier, il n'est pas tenu de respecter des conventions auxquelles il est complétement étranger ; n'ayant rien promis, il ne manque à aucun de ses engagements.

34. Pourvu qu'il remplisse cette double condition, tout acquéreur *à titre particulier*, quel que soit l'acte en vertu duquel la transmission de propriété s'est effectuée, vente, échange, partage, donation, et quel que soit le titre de son acquisition, gratuit ou onéreux, peut, au moyen de la purge, libérer l'immeuble par lui acquis des priviléges ou des hypothèques qui le grèvent, et conserver la propriété de cet immeuble libre, affranchie, sans payer autre chose que le prix ou la valeur représentative de l'immeuble.

35. Au contraire, ne peuvent jamais purger :

1° Le débiteur principal, acquéreur de l'immeuble hypothéqué à sa dette par sa caution ;

2° La caution personnelle du débiteur principal, qui acquiert l'immeuble hypothéqué ;

3° La caution réelle, c'est-à-dire la personne qui, sans s'obliger personnellement, a affecté l'un de ses biens à la garantie de la dette : car, si elle n'est point personnellement tenue de la payer, elle doit tout au moins respecter le contrat accessoire d'hypothèque, qu'elle a librement consenti. Or la purge impliquerait l'oubli manifeste et la violation de ce contrat.

4° Les héritiers du débiteur principal, de la caution personnelle, de la caution réelle, ne peuvent pas purger. Continuant la personne du défunt, et saisi dès l'instant de son décès de tous ses droits actifs, il est juste que, dès le même instant, l'héritier soit obligé à toutes ses dettes, comme s'il les avait lui-même contractées.

La purge est interdite non-seulement à l'héritier pur et simple, mais encore à l'héritier bénéficiaire, quoiqu'il ne soit pas personnellement tenu sur ses propres biens de payer les dettes du défunt. Il est vis-à-vis des créanciers dans la position d'un simple administrateur de la succession ; celle-ci continue la personne du débiteur et est grevée de ses obligations comme s'il vivait encore. L'héritier bénéficiaire ne peut donc purger, — ni pour son compte, puisqu'il n'est qu'un simple administrateur, et que pour purger il faut être propriétaire, — ni pour le compte de la succession, qui représente l'obligé personnel.

5° Pas de purge possible pour les légataires et donataires universels ou à titre universel, car ils sont personnellement obligés au paiement des dettes qui grèvent la succession ou la donation ;

6° Il en est de même des légataires et donataires même à titre particulier qui ont accepté un legs ou une donation, contenant obligation de payer toutes les dettes du disposant, ou simplement la dette à la garantie de laquelle a été hypothéqué l'immeuble légué ou donné (art. 1086).

36. L'héritier pour partie peut-il, après avoir payé sa part de dette dont il est personnellement tenu, purger l'immeuble hypothéqué qui a été placé dans son lot? Oui, répond

M. Troplong (1), l'héritier qui a payé sa part héréditaire, ne doit plus aucune partie de la dette, il n'est plus obligé personnellement; donc il peut purger.

Cependant on lui refuse généralement ce droit et non sans raison. Nous avons déjà vu, en effet, que pour pouvoir remplir les formalités de la purge, il ne suffit pas de ne pas être tenu de l'obligation principale ; il faut encore ne pas être obligé au maintien de l'hypothèque. Sans doute, l'héritier qui a payé sa part de dettes, peut être considéré comme étant désormais étranger au contrat principal d'où est née la dette garantie, l'obligation de payer une somme d'argent ou de donner une chose étant divisible. Mais il n'en est pas de même de l'obligation de maintenir la sûreté hypothécaire. Cette obligation est essentiellement indivisible, puisque l'hypothèque subsiste tout entière sur chaque partie de l'immeuble ; elle doit dès lors subsister pour le tout contre chaque héritier, tant que le créancier n'est pas pleinement satisfait. L'héritier qui a payé sa part héréditaire se trouve ainsi dans la situation de celui qui a hypothéqué son bien pour la dette d'un autre; il ne peut donc pas purger (2).

37. Un légataire à titre particulier peut-il purger ? La question est controversée. On pourrait croire, en effet, en lisant l'article 2181 que la faculté de purger n'est réservée qu'aux acquéreurs par acte entre-vifs, puisqu'il déclare que l'acquéreur qui veut purger doit transcrire son contrat. Cette interprétation semble aussi corroborée par les articles 2183 et 2184, qui ne parlent que des acquéreurs à titre onéreux et des donataires. Enfin, ajoute-t-on, si l'on suppose que l'immeuble légué ait une valeur réelle de 90,000 francs et que le légataire,

(1) Troplong, IV, 903 *bis*.

(2) Voir dans ce sens un arrêt de la Cour de cassation du 19 juillet 1837 : « Attendu qu'en principe l'héritier représente la personne du défunt, qu'il est soumis à toutes ses obligations ; que, si l'article 873 et l'article 1220 établissent la divisibilité de ses obligations dans l'intérêt des héritiers, relativement a l'action personnelle, le premier desdits articles et l'article 1221, rentrant dans la règle générale, veulent que cette faveur, qui porte une sorte d'atteinte au contrat primitif, cesse sous le rapport de l'action hypothécaire, et que l'héritier en soit tenu pour le tout, sauf son recours contre ces cohéritiers ;

Attendu, dès lors, que l'héritier, recherché en cette qualité comme possédant les biens de la succession, ne peut purger ; que les règles du chapitre VII lui sont absolument inapplicables, etc.....

à l'effet de purger, offre 88,000 francs seulement, il met les créanciers dans la nécessité d'accepter ce prix et par suite de perdre 2,000 francs, ou bien de faire la surenchère du dixième, et de s'exposer, si personne ne se porte adjudicataire, à conserver cet immeuble pour une somme supérieure à la valeur réelle. Le légataire pourrait ainsi mettre les créanciers dans une alternative fâcheuse ; aussi beaucoup de personnes lui refusent le droit de purger.

Tel n'est pas notre avis. Tout d'abord nous sommes convaincus que par ces mots employés dans l'article 2181 : *contrats translatifs de propriété*, la loi entend les actes translatifs de propriété, donation, vente ou même testament : en un mot tous les *actes translatifs*, quels qu'ils soient. Nous en trouvons des exemples fréquents dans le Code. Quant aux articles 2183 et 2184, ils n'ont rien d'exclusif et statuent *de eo quod plerumque fit*. Pourquoi d'ailleurs le légataire à titre particulier ne pourrait-il pas purger comme le donataire à titre particulier; ni l'un ni l'autre ne sont personnellement tenus des obligations du disposant. On nous objecte que nous mettons ainsi les créanciers à la merci du légataire. Mais cet inconvénient n'est pas particulier à l'espèce qui nous occupe ; un tiers acquéreur quelconque peut bien acheter l'immeuble hypothéqué pour un prix de très-peu inférieur à la véritable valeur, et mettre les créanciers dans la même alternative que le légataire. Remarquons en terminant que la question se présentera rarement, les legs ne devant s'exécuter que s'il y a un excédant d'actif sur le passif de la succession ; *non sunt bona, nisi deducto œre alieno.*

SECTION II.

Des droits qui peuvent être purgés.

38. Pour que la purge puisse s'appliquer à un droit, il faut deux conditions :

1° Que le droit soit réel immobilier et susceptible d'être mis aux enchères ;

2° Que le droit soit définitivement acquis et non subordonné à l'arrivée d'une condition suspensive.

§ 1er.

39. Il faut en premier lieu que le droit puisse être mis aux enchères. Cette première condition est basée sur ce motif que la loi, tout en accordant au tiers détenteur le bénéfice de la purge, a voulu en même temps accorder aux créanciers, comme correctif, le droit de requérir la mise aux enchères de l'immeuble aliéné.

Pourront donc être purgés : la pleine et la nue propriété de l'immeuble hypothéqué, l'usufruit de ce même immeuble (art. 2204 et 2118 C. civ.).

Au contraire les droits d'usage et d'habitation et les servitudes réelles n'étant pas susceptibles d'expropriation, ne peuvent pas être purgés.

En ce qui concerne le droit au bail, comme il peut être mis aux enchères publiques, il semblerait qu'il puisse être classé parmi les droits auxquels s'applique la faculté de purger. Il n'en est pourtant pas ainsi, ce droit étant essentiellement mobilier, et comme tel non susceptible d'hypothèque.

§ 2.

40. Pour pouvoir purger un droit, il faut, en second lieu, que ce droit soit définitivement acquis et non conditionnel.

41. Ne peut donc pas purger l'acquéreur sous condition suspensive. Ce n'est pourtant pas l'avis de M. Pont qui, après avoir avoué que la question se présentera rarement, raisonne de la manière suivante : Si pourtant l'acquéreur sous condition suspensive voulait recourir à la purge, la nature du droit dont il est en possession n'y ferait pas obstacle : ce droit, quoique suspendu par une condition, est susceptible d'hypothèque ; il est donc susceptible aussi d'être purgé (1).

L'argument invoqué par M. Pont n'est qu'une pétition de principe. Il est faux de dire que tout droit susceptible d'être hypothéqué est par là même susceptible d'être purgé. N'en avons-nous pas eu déjà la preuve dans ce fait que toute une catégorie de personnes, les obligés personnels, peuvent hypo-

(1) Pont, n° 1285.

théquer, mais ne peuvent pas purger? D'ailleurs, pour pouvoir purger, c'est-à-dire imposer un sacrifice, il faut être propriétaire actuel; les articles 2181 et suivants supposent une transmission de propriété définitivement opérée. Or le propriétaire sous condition suspensive n'est pas propriétaire actuel, il ne peut donc pas purger.

42. Il n'en est pas de même de l'acquéreur sous condition résolutoire; il est actuellement propriétaire, donc il peut purger. J'en dirai autant de l'acquéreur à pacte de réméré.

43. Mais alors qu'arrivera-t-il si le réméré est exercé? De deux choses l'une : si les offres à fins de purge, acceptées par le créancier, ont été suivies du paiement ou de la consignation, tout est fini, l'acquéreur ne peut plus répéter ce qu'il a bien et dûment payé; il n'aura plus qu'un simple recours contre son vendeur; tout le monde est d'accord sur ce point.

Mais la question est controversée, lorsque les offres n'ont pas été suivies de consignation ou de paiement. *Primus* vend à *Secundus* un immeuble avec faculté de rachat. L'acquéreur *Secundus* fait transcrire son titre d'acquisition, et notifie son contrat à fins de purge aux créanciers hypothécaires inscrits sur l'immeuble, qui ne forment aucune surenchère dans les quarante jours (art. 2183-2186 C. civ.). Puis le vendeur *Primus* exerce son droit de réméré, avant que *Secundus* n'ait consigné ou payé le prix entre les mains des créanciers. Je demande si l'exercice du réméré arrête le droit de suite des créanciers inscrits, — ou si, au contraire, l'acquéreur reste lié définitivement et personnellement vis-à-vis des créanciers inscrits malgré l'exercice du réméré.

44. Dans un premier système, on soutient que l'acquéreur reste définitivement lié par ses offres à fins de purge. L'acquéreur à réméré est un véritable acquéreur; au moment où il fait ses offres, il est actuellement propriétaire, *il a le plein exercice du droit de propriété*, il a donc le droit de faire purger son contrat des priviléges et hypothèques qui existent sur sa propriété. Mais il ne peut le faire qu'en se conformant aux règles communes, c'est-à-dire en offrant aux créanciers dont il veut faire disparaître les priviléges et les hypothèques, le paiement des créances que ces priviléges sont destinés à conserver : il ne peut contraindre les créanciers à se contenter d'un simple règlement provisoire, qui, dans la plupart des cas,

serait un véritable piége pour eux. Qu'il ne purge pas, soit! mais quand il veut purger, la première condition c'est qu'il fasse une offre absolue. Et, en effet, aux termes de l'article 2184, l'acquéreur qui veut purger doit déclarer qu'il est prêt à acquitter, sur-le-champ, toutes les dettes, *jusqu'à concurrence de son prix*. Voilà l'offre : elle doit être faite sans restriction ni réserve. Les créanciers n'ayant pas surenchéri, l'offre est acceptée (art. 2186). Il y a donc contrat judiciaire parfait entre l'acquéreur d'une part, et les créanciers hypothécaires d'autre part. — Ceux-ci n'ont pas d'ailleurs à se préoccuper des conventions particulières intervenues entre le vendeur et l'acheteur ; leur droit est un droit réel qui suit l'immeuble là où il se trouve. Ce sont évidemment des tiers dont la prérogative est de ne pouvoir être atteints par les contrats auxquels ils n'ont pas été parties; *res inter alios acta aliis nocere non potest*. — Quant à l'acquéreur, il n'a rien à craindre ; s'il paie, il sera subrogé aux droits des créanciers hypothécaires qu'il aura désintéressés (art. 1251-1° C. civ.). Il a de plus le droit de rétention de l'article 1673, jusqu'à ce que son vendeur, qui exerce le droit de réméré, lui ait apporté décharge de l'obligation qu'il a prise, et qu'il a été obligé de prendre vis-à-vis des créanciers de son vendeur; cet engagement ne peut donc lui causer aucun préjudice.

45. Quelle que soit la valeur de ces arguments, nous préférons nous ranger au système qui nous a été enseigné au cours (1), et nous croyons que l'acquéreur à pacte de rachat n'étant lié que sous condition, l'exercice du réméré avant le paiement ou la consignation fait tomber ses offres à fins de purge. Quel est, en effet, le but de la purge? C'est d'affranchir de toutes les charges hypothécaires le droit de propriété du tiers acquéreur, tel qu'il existe entre ses mains. Or, pour soutenir leur système, nos adversaires se fondent sur ce que ce droit de propriété est absolu ; suivant eux, l'acquéreur d'un immeuble à réméré en serait, *pendente conditione*, exclusivement propriétaire. Cette affirmation est très-contestable, et voici comment on peut y répondre : « Tout contrat conditionnel, lorsqu'il a pour objet un corps certain, et qu'il est translatif de propriété, met en présence deux droits de pro-

(1) M. Daniel de Folleville, *Cours de* 1871-72.

priété sur la même chose, et cela en vertu de cette corrélation nécessaire qui fait que, dans tous les cas où une chose appartient à une personne sous condition résolutoire, il y a une autre personne à qui cette même chose appartient sous condition suspensive. Dans la vente à réméré l'acquéreur est propriétaire sous condition résolutoire ; il s'en suit que le vendeur est propriétaire sous condition suspensive. C'est ce que le Code laisse très-clairement entendre dans les articles 1664 et 1673. Le vendeur avec faculté de rachat retient donc et conserve sur l'immeuble un droit réel, un *jus in re*, c'est-à-dire un droit de propriété, conditionnel sans doute, mais qui n'en est pas moins en cet état un droit de propriété. De là les auteurs ont justement conclu que le vendeur avec faculté de rachat a le droit d'hypothéquer l'immeuble par lui aliéné. A plus forte raison faut-il en conclure que les hypothèques, qu'il a constituées avant l'aliénation, continuent de subsister, malgré la purge effectuée par l'acquéreur, sur la portion de propriété que le vendeur a conservée, pour reparaître avec toute leur énergie au moment où, par l'effet de la condition résolutoire, la pleine propriété reparaîtra dans sa personne » (1).

Qu'on ne vienne pas dire que le tiers acquéreur est définitivement lié par le contrat judiciaire intervenu entre lui et les créanciers hypothécaires qui ont accepté ses offres. D'après l'article 2184, il doit déclarer qu'il est prêt à acquitter les dettes et charges hypothécaires, *jusqu'à concurrence seulement du prix ;* or le prix n'est dû que sous condition : voilà l'offre. A défaut, par les créanciers, ajoute l'article 2186, d'avoir requis la mise aux enchères dans le délai et les formes prescrites, la valeur de l'immeuble demeure définitivement fixée *au prix stipulé dans le contrat :* voilà l'acceptation. D'un côté comme de l'autre, l'acquéreur s'engage à payer, et les créanciers acceptent un prix, mais un prix tel qu'il a été stipulé dans le contrat de vente, c'est-à-dire subordonné à cette condition que le vendeur n'exerce pas le réméré. Si la condition se réalise, tout disparaît : il n'y a plus de vente, donc il n'y a plus de prix, et le contrat judiciaire intervenu entre l'acquéreur et les créanciers hypothécaires tombe faute d'objet.

(1) Cass., 23 août 1871.

Ce n'est pas tout. L'article 2183 exige que l'acquéreur, qui veut purger, notifie aux créanciers la date et la qualité de l'acte, le prix et les charges; cette indication doit avoir évidemment un but : si les créanciers ont ainsi intérêt à connaître les charges qui se trouvent dans l'acte de vente, c'est donc qu'elles peuvent réagir contre eux. — Mais ce sont des tiers, dit-on : ils ne peuvent pas être liés par un contrat dans lequel ils n'ont pas été parties. Sans doute, aussi avaient-ils le droit de le résoudre eux-mêmes en surenchérissant. Mais dans l'espèce ils n'ont pas usé de ce droit; n'ayant pas surenchéri, ils ont par là accepté la notification du tiers acquéreur, ils se sont implicitement soumis aux conditions de la vente, notamment à la condition du rachat.

Enfin remarquons que, dans le système adverse, la situation du tiers acquéreur serait par trop défavorable. Je veux bien qu'il soit subrogé aux droits des créanciers hypothécaires qu'il a payés, et qu'il ait un recours contre le débiteur principal, son vendeur. Mais si celui-ci est insolvable, il perdra à la fois l'immeuble et son prix. Il n'aurait même pas la ressource dans ce cas de retenir l'immeuble jusqu'à parfait remboursement; car l'article 1673 ne lui accorde le droit de rétention que pour rentrer dans les dépenses nécessaires et indispensables qu'il a faites sur l'immeuble; or rien ne le forçait à purger, il *pouvait attendre*. De tout cela il faut conclure que notre système est celui qui est le mieux en harmonie avec les textes, les principes et l'intérêt bien entendu des parties.

SECTION III.

De la purge des priviléges et hypothèques inscrits.

46. Nous arrivons aux formalités de la purge, en ce qui concerne les priviléges et hypothèques inscrits. Ces formalités sont réglées par les articles 2181 à 2192 du Code civil. Nous diviserons nos explications sur ce point en deux paragraphes :

1° Quelles formalités doit remplir le tiers acquéreur qui veut purger?

2° Que doivent faire les créanciers inscrits, mis en demeure par les notifications du tiers acquéreur qui veut purger ?

§ 1er.

47. L'acquéreur qui veut purger doit commencer par faire transcrire l'acte par lequel il est devenu propriétaire de l'immeuble grevé. Cette transcription se fera sur un registre à ce destiné, par le conservateur des hypothèques dans l'arrondissement duquel les biens sont situés (art. 2181).

Sous l'empire des principes purs du Code civil, cette formalité n'avait aucune raison d'être, quand il s'agissait de la purge des immeubles acquis *à titre onéreux* (1) ; la seule convention suffisant pour dessaisir le vendeur de la propriété à l'égard des tiers, et par conséquent, pour arrêter le cours des inscriptions, à quoi bon la transcrire? Voulait-on avertir les créanciers? Cela est inadmissible : le tiers acquéreur qui veut purger doit leur faire les notifications de l'article 2182 ; or les créanciers sont évidemment bien mieux avertis de la purge par ces notifications, qui leur sont directement adressées, que par la transcription, qui est faite dans les bureaux du conservateur. La vérité est que l'article 2181 n'était qu'un vieux débris du système de la loi de brumaire an VII, que nous avons exposé dans notre introduction.

Depuis la loi du 23 mars 1855, la transcription a recouvré toute l'utilité qu'elle avait sous la loi de brumaire. Aujourd'hui, en effet, comme alors, la mutation de propriété ne s'opère que par la transcription. Le vendeur peut donc, tant que la vente n'est pas transcrite, consentir des hypothèques valables sur l'immeuble vendu. De même les hypothèques antérieures à la vente peuvent être utilement inscrites dans le même délai. On conçoit donc l'utilité de la transcription pour arrêter le cours de ces inscriptions.

48. Le tiers détenteur qui veut purger, n'a-t-il besoin que de faire transcrire son propre titre d'acquisition ; ou bien

(1) L'utilité de l'article 2181 ne s'expliquait que dans la purge des immeubles acquis entre-vifs *à titre gratuit;* dans ce cas, en effet, la propriété n'était transférée à l'égard des tiers que par la transcription (art. 939 Code civil).

doit-il même faire transcrire celui de ses auteurs, lorsque ceux-ci ont négligé de remplir cette formalité? — Cette question a longtemps divisé la doctrine et la jurisprudence. Les auteurs faisaient la distinction suivante : le dernier acquéreur pouvait se contenter de faire transcrire son propre contrat, s'il contenait la nomenclature exacte de tous les propriétaires antérieurs; sinon, il devait faire transcrire tous les contrats précédents. Cette distinction était repoussée par la Cour de cassation et par les cours d'appel, qui décidaient que dans tous les cas la transcription du dernier contrat était seule nécessaire. — Aujourd'hui la doctrine et la jurisprudence sont d'accord pour décider que, sans avoir fait transcrire les actes d'acquisition des précédents propriétaires, le tiers détenteur purgera valablement les hypothèques inscrites contre eux (1).

Toutefois, dans la pratique, le tiers détenteur agirait prudemment en les faisant transcrire. Que répondrait-il, en effet, aux créanciers hypothécaires de ces anciens propriétaires, qui viendraient lui dire : Aux termes de l'article 3 de la loi du 23 mars 1855, l'acte par lequel la propriété de l'immeuble hypothéqué a été transmise ne peut nous être opposé, tant qu'il n'a pas été transcrit; cette transcription n'ayant pas eu lieu, vous n'êtes pas, à notre égard, devenu propriétaire de l'immeuble : nous pouvons donc inscrire encore utilement nos hypothèques. Ils auraient évidemment le droit de tenir ce langage, et le tiers détenteur n'aurait aucun moyen de repousser leurs prétentions.

49. Le tiers détenteur qui veut purger, doit donc commencer par faire transcrire son contrat. Mais ce n'est là qu'une simple formalité préalable; elle donne au tiers acquéreur le moyen de purger. Nous allons maintenant étudier les véritables formalités de la purge. Elles ont pour but de mettre les créanciers en demeure d'opter entre les deux partis qui leur sont offerts : accepter les offres du tiers détenteur, s'ils les jugent convenables; sinon, les refuser et requérir la vente publique de l'immeuble.

50. Pour cela le tiers détenteur doit notifier aux créanciers

(1) Aubry et Rau, t. III, § 294, note 1.

inscrits un extrait de son titre, contenant les indications relatives à la date et à la qualité de son titre, à la désignation de l'aliénateur et à l'immeuble aliéné, aux prix et charges du prix, s'il a été acquis à titre onéreux, ou à l'évaluation du prix, s'il a été acquis à titre gratuit. Tant que les créanciers hypothécaires n'ont pas dirigé des poursuites contre lui, le tiers acquéreur peut leur faire ces notifications, dans le délai qu'il juge convenable ; mais, s'il attend au contraire les poursuites des créanciers, il doit leur faire ces mêmes notifications, au plus tard dans le délai d'un mois à partir de leur sommation (art. 2183 C. civ.). Cette sommation, d'ailleurs, n'est autre que la sommation de payer ou de délaisser de l'article 2169 ; la purge étant purement facultative pour le détenteur, les créanciers ne pourraient lui faire sommation valable de purger.

51. Mais alors comment expliquer que l'article 2183 donne au tiers détenteur *un mois* pour faire ses notifications à fins de purge, tandis que l'article 2169 ne lui donne que *trente jours* pour satisfaire aux poursuites des créanciers ? Faut-il prendre l'article 2183 au pied de la lettre et permettre au tiers détenteur de notifier le trente et unième jour du mois ? Cela est inadmissible ; il faudrait alors modifier l'article 2169, car on ne peut permettre aux créanciers de saisir l'immeuble tant que le détenteur conserve le droit de purger. Selon la plupart des auteurs (1), l'article 2183 entend parler d'un mois de trente jours, et ils l'expliquent historiquement ; le titre des privilèges et des hypothèques fut décrété le 26 ventôse an XII, alors que le calendrier républicain était encore en vigueur. Or, suivant ce calendrier, un mois et trente jours étaient synonymes ; car on sait que l'année était divisée en douze mois de trente jours chacun, plus cinq jours complémentaires appelés *sans-culotides*, qu'on portait à six, de quatre en quatre ans, et qu'on plaçait à la fin de chaque année. Dans le langage officiel du temps, un mois signifiait donc invariablement trente jours.

52. Pour mettre le détenteur en demeure de faire les notifications aux créanciers inscrits, il n'est pas nécessaire que chacun des créanciers fasse une sommation particulière. En

(1) Troplong, III, 732 ; — Pont, n° 1208 ; — Aubry et Rau, III, § 294, note 3.

effet, l'article 2183 dit que le délai d'un mois court à partir de la première sommation. La sommation faite par le créancier le plus diligent profite donc à tous les autres, et si ce créancier venait ensuite à s'en désister, cela n'empêcherait pas les autres d'exproprier le détenteur qui n'aurait pas fait ses notifications dans le mois, et d'exercer contre lui les poursuites autorisées par l'article 2169 (1).

53. Le tiers détenteur doit faire ses notifications à tous les créanciers qui ont inscrit leurs priviléges ou hypothèques avant la transcription du contrat de vente (art. 6. de la loi du 23 mars 1855). Pour cela le conservateur lui délivre, sur sa requête, un état de tous les créanciers qui ont rempli cette formalité en temps utile. Si, par suite d'une omission du conservateur, l'un d'eux n'est pas porté sur cet état, et n'est pas touché par les notifications du tiers détenteur, l'immeuble n'en est pas moins purgé même à son égard (2), mais il conserve le droit de se faire colloquer à son rang sur le prix de l'immeuble (art. 2198).

54. Les notifications doivent être faites, dit l'article 2183, aux créanciers inscrits, « aux domiciles par eux élus dans leurs inscriptions ». Elles doivent de plus être faites, à peine de nullité, par un huissier commis à cet effet, et contenir constitution d'avoué près le tribunal où la surenchère et l'ordre seront portés (art. 832 C. pr. civ.).

55. Telles sont les conditions de forme auxquelles sont soumises les notifications. Voici maintenant les indications qu'elles doivent contenir.

Le tiers détenteur, dit l'article 2183, doit notifier :

1° L'extrait de son titre, contenant seulement la date et la qualité de l'acte, le nom et la désignation précise du vendeur ou du donateur, la nature et la situation de la chose vendue ou donnée; et, s'il s'agit d'un corps de biens, la dénomination générale seulement du domaine et des arrondissements dans lesquels il est situé, le prix et les charges faisant partie du prix de la vente, ou l'évaluation de la chose, si elle a été donnée. — On exige la date et la qualité de l'acte, afin que les créanciers puissent facilement retrouver cet acte, et voir s'il s'agit d'une vente ou d'une donation ; le nom et la dési-

(1) Aubry et Rau, III, § 294, texte et note 5.
(2) Idem, *ibid.*, texte et note 8.

gnation précise du vendeur ou du donateur, afin que les créanciers voient bien si c'est leur débiteur qui a donné, légué ou vendu; la nature et la situation de la chose vendue ou donnée, afin de s'assurer de l'identité de l'immeuble qui leur est hypothéqué; le prix et les charges faisant partie du prix, afin de les mettre en demeure de l'accepter, ou bien de requérir la mise de l'immeuble aux enchères, s'ils ne le considèrent pas comme représentant la véritable valeur de l'immeuble.

On entend ici par « charges faisant partie du prix », toute espèce de prestations que l'acquéreur s'est obligé de fournir, en sus du prix proprement dit, soit au vendeur lui-même, soit à des créanciers ou à des tiers donataires du vendeur, et dont l'accomplissement doit ainsi tourner directement ou indirectement au profit de ce dernier (1).

2° Un extrait de la transcription de l'acte de vente. — Il semble au premier abord que cet extrait soit le même que l'extrait du titre, exigé par le 1° de l'article 2183, puisque la transcription n'est autre chose que la copie du titre lui-même. Pour comprendre le sens de cette disposition, il faut se reporter à la loi du 11 brumaire an VII. L'article 30 de cette loi voulait qu'on notifiât le titre d'acquisition et un certificat de la transcription. Il est probable que c'est ce certificat de transcription que le 2° de l'article 2183 a voulu désigner sous le nom d'extrait de transcription. Cette interprétation a de plus l'avantage de se concilier avec l'article 2181 *in fine*, qui impose au conservateur l'obligation de délivrer reconnaissance de la transcription, au moment où elle est faite.

L'article 2183-2° ne parle que de l'acte de vente; ici encore il faut compléter l'idée de la loi par l'article 30 de la loi de brumaire, qui exigeait la notification du certificat de transcription du contrat quel qu'il fût.

3° Un tableau sur trois colonnes, dont la première contiendra la date des hypothèques et celle des inscriptions; la deuxième, le nom des créanciers; la troisième, le montant des créances inscrites. — Au moyen de ce tableau, chaque créancier voit immédiatement sa position, et s'il lui est avantageux

(1) Aubry et Rau, III, § 294, texte et notes 16 et suiv.

ou non de requérir la mise de l'immeuble aux enchères

56. Dans l'acte qui renferme ces notifications, le tiers détenteur doit déclarer qu'il est prêt à acquitter sur-le-champ toutes les dettes et charges hypothécaires, sans distinction des dettes exigibles ou non exigibles, mais jusqu'à concurrence seulement du prix (art. 2184).

Cet article 2184 consacre une heureuse innovation; sous la loi de brumaire an VII, l'acquéreur n'était pas tenu d'offrir de payer sur-le-champ les dettes non exigibles. L'article 30 de cette loi décidait qu'il devait garder par devers lui les fonds nécessaires pour les acquitter en cas que la condition vînt à se réaliser; s'il y avait des rentes viagères, l'acquéreur devait les servir jusqu'à leur extinction. Les propriétés ne pouvaient donc être purgées immédiatement; cet inconvénient nuisait considérablement à la transmission de la propriété. D'un autre côté, cela jetait de grands embarras dans les liquidations. « S'il existait sur un immeuble, disait M. Tronchet (1), trois créances hypothécaires, l'une de 15,000 francs, l'autre de 5,000 francs et la troisième de 10,000 francs, et que la seconde ne fût pas exigible, le premier créancier était payé, le second s'opposait à ce que le troisième le fût, attendu que, s'il permettait ce paiement, et que le bien vînt à diminuer de valeur, il courait le hasard de ne plus trouver dans le gage une somme suffisante pour le recouvrement de sa créance. On a vu tel ordre qu'il a été impossible de terminer, parce qu'il se composait de beaucoup de créances exigibles ou non exigibles qui se trouvaient entremêlées. »

Aujourd'hui ces inconvénients n'existent plus; le système consacré par l'article 2184 est donc une des rares améliorations apportées par le Code à la loi de brumaire an VII. Il constitue d'ailleurs une application de l'article 1188, d'après lequel le débiteur à terme est déchu du bénéfice du terme par cela seul qu'il diminue les sûretés de ses créanciers; or il est bien évident que, dans l'espèce, le débiteur a diminué les sûretés de ses créanciers hypothécaires en aliénant l'immeuble hypothéqué à leurs créances.

57. Est-il besoin d'ajouter que les termes de l'article 2184, « le tiers détenteur est prêt à acquitter sur-le-champ les det-

(1) Séance du 12 ventôse an XII, Locré, t. XVI, p. 291.

tes et charges hypothécaires, etc.... », ne sont pas sacramentels. Il suffit que l'offre soit faite en termes équivalents et assez précis, pour manifester de sa part la volonté de se conformer aux dispositions qu'elle prescrit (1).

58. Remarquons également que l'offre doit porter non-seulement sur le prix proprement dit, mais encore sur les charges qui en font partie. Le rapprochement des articles 2184 et 2183. 1° justifie pleinement cette extension donnée au mot *prix* de l'article 2184 (2).

59. Ici se présente la question de savoir si le tiers acquéreur, qui offre son prix, est tenu également d'en offrir les intérêts. Tout le monde est d'accord pour reconnaître que les créanciers ont droit aux intérêts du prix; mais là où gît la controverse, c'est relativement à l'époque à partir de laquelle les créanciers sont fondés à les réclamer du nouveau propriétaire.

Les uns soutiennent qu'il est tenu de les payer à partir de son acquisition, alors même qu'ils ne seraient plus dus au vendeur, ce qui peut arriver lorsque, par imprudence, le paiement du prix a été effectué entre ses mains. Les intérêts, disent les partisans de ce système, étant une charge du prix, l'acquéreur n'a pas pu s'en dessaisir plus que du capital, au préjudice des créanciers dont l'immeuble par lui acquis est le gage. Ce système est trop exagéré pour être admis.

D'après une autre opinion, on considère également les intérêts comme charges du prix ; ils courent donc encore à partir du jour de l'aliénation; mais les créanciers ne sauraient y prétendre qu'autant qu'ils seraient encore dus au vendeur lui-même.

Nous pensons que ce système doit être rejeté comme le premier. Il nous paraît difficile, quoiqu'on en dise, de considérer les intérêts que l'acquéreur doit servir au vendeur depuis son acquisition comme charges faisant partie du prix. Les charges sont des obligations onéreuses qui s'ajoutent au prix stipulé, et on ne saurait regarder comme charges des intérêts qui, en définitive, sont la représentation de la jouissance de l'immeuble, et qui, dès lors, ne sont servis par l'acquéreur,

(1) Aubry et Rau, III, § 294, texte et note 33.
(2) IDEM, *ibid.*, texte et note 20.

que parce qu'il perçoit les fruits. Telle est, suivant nous, la vraie formule : les intérêts doivent être considérés, non pas comme charges faisant partie du prix, mais comme la représentation des fruits produits par l'immeuble. Ils appartiendront donc aux créanciers inscrits, non pas à partir de l'aliénation qui a fait passer leur gage aux mains du nouveau propriétaire, car n'ayant, avant la vente, aucun droit aux fruits produits, le seul fait de la vente ne saurait leur faire acquérir droit aux intérêts, qui n'en sont que la représentation; mais à partir du jour où le prix lui-même devient le gage des créanciers à la place de l'immeuble. Ce jour ne peut être autre que celui où le nouveau propriétaire notifie ses offres à fins de purge; car, ainsi que nous nous proposons de le démontrer plus loin, l'acceptation expresse ou tacite des offres remontant au jour des notifications, c'est aussi à partir de ce moment que le tiers détenteur devient débiteur personnel des créanciers hypothécaires.

D'ailleurs, les créanciers hypothécaires ont droit aux fruits de l'immeuble ou aux intérêts du prix qui les représentent, à partir du moment où leur gage commence à se réaliser (argument des art. 2176 C. civ., 682 et 685 C. pr. civ. combinés). Or c'est au moment des notifications, si les offres ont été acceptées, qu'il sera vrai de dire plus que jamais, que ce gage commencé à se réaliser.

60. L'offre du tiers détenteur n'est transformée définitivement en un contrat, que par l'acceptation du créancier ou par l'expiration du délai de quarante jours, sans réquisition de mise aux enchères. Mais le tiers détenteur peut-il, durant ces quarante jours retirer ses offres tant qu'elles n'ont pas été acceptées? — Nous ne le croyons pas : l'offre du nouveau propriétaire emporte par elle-même, et dès avant toute acceptation de la part des créanciers hypothécaires, un engagement personnel, qui ne permet pas à celui qui l'a faite de s'en départir sans le consentement de ceux à qui elle a été adressée. En effet, si la loi, une fois le délai de quarante jours expiré, répute acceptants les créanciers hypothécaires qui ont gardé le silence, c'est bien évidemment qu'elle les considère comme tels pendant le même délai, pourvu qu'ils ne manifestent pas une intention contraire en temps utile. De là il suit, en outre, que l'acceptation expresse ou tacite des créanciers hy-

pothécaires rétroagit au jour où les offres sont faites (1).

61. Enfin on a agité la question de savoir quelles étaient les omissions ou inexactitudes qui devaient entraîner la nullité des notifications du tiers détenteur. Sans nous arrêter à l'opinion par trop absolue de ceux qui prétendent que toute irrégularité doit emporter nullité des notifications, nous pensons que la solution de la question se trouve dans l'objet même de ces notifications, destinées à éclairer les créanciers et à les mettre à même de voir s'ils ont intérêt ou non à surenchérir. Les inexactitudes et omissions entraîneront donc la nullité des notifications ou les laisseront subsister, suivant qu'elles seront ou non de nature à gêner le libre exercice du droit de surenchère (2).

62. Plusieurs hypothèses, qui auraient pu donner naissance à des difficultés, se trouvent résolues par l'article 2192, qui nous dit que, dans le cas où le titre du nouveau propriétaire comprendrait des immeubles et des meubles, ou plusieurs immeubles, les uns hypothéqués, les autres non hypothéqués, situés dans le même ou dans divers arrondissements de bureaux, aliénés pour un seul et même prix ou pour des prix distincts et séparés, soumis ou non à la même exploitation, le prix de chaque immeuble frappé d'inscriptions particulières et séparées, sera déclaré dans la notification du nouveau propriétaire, par ventilation, s'il y a lieu, du prix total exprimé dans le titre.

La détermination du prix par ventilation est très-utile, aussi utile que la déclaration du prix exigé par l'article 2183 ; car, sans la déclaration du prix ou la ventilation, les créanciers hypothécaires, n'ayant aucune base pour apprécier si leur gage a ou non atteint sa juste valeur, ne peuvent opter entre l'acceptation des offres et la surenchère.

63. La ventilation doit être faite par l'acquéreur, car lui seul est en position de pouvoir la faire. L'article 2192 nous montre bien qu'elle lui est imposée, puisque la déclaration du prix de chaque immeuble doit être contenue dans les notifications, et que c'est l'acquéreur qui doit adresser ces notifications.

(1) Aubry et Rau, III, § 294, texte et note 31.
(2) Idem, *ibid.*, texte et note 25.

64. Seulement cette ventilation peut être contestée, soit par le vendeur, soit par les créanciers inscrits. Le vendeur doit pouvoir contester cette ventilation, car si elle avait été faite exactement, peut-être aurait-on évité la surenchère, et l'on ne peut nier l'intérêt qu'a le vendeur à rendre la surenchère aussi peu fréquente que possible, puisque de cette façon il évite le recours de son acquéreur évincé. Quant aux créanciers inscrits, l'intérêt qu'ils ont à contester la ventilation n'est pas moins évident. Sans doute, ils peuvent surenchérir, mais la surenchère est un moyen extrême, et lorsqu'ils peuvent arriver au même résultat sans y recourir, on ne peut les en empêcher.

§ 2.

65. Les notifications et les offres du tiers acquéreur une fois faites, les créanciers inscrits peuvent les accepter, et ils y auront intérêt toutes les fois que l'immeuble aura été bien vendu. Si, au contraire, ils jugent la somme offerte insuffisante et inférieure à la valeur réelle de l'immeuble hypothéqué, ils peuvent la refuser et requérir la surenchère.

Examinons successivement chacune de ces deux hypothèses.

66. 1re HYPOTHÈSE. *Les créanciers acceptent les offres du tiers acquéreur.* — L'acceptation, de quelque manière qu'elle ait lieu, produit cette conséquence que la valeur de l'immeuble est irrévocablement fixée au prix proposé par le tiers acquéreur; mais l'immeuble n'est pas encore purgé. Le tiers acquéreur ne libère son immeuble de tout privilége et de toute hypothèque, qu'en consignant ou en payant directement aux créanciers en ordre utile le prix qu'ils ont agréé. Il paiera directement les créanciers inscrits, s'ils sont d'accord entre eux sur leurs droits respectifs et sur l'ordre dans lequel chacun doit être payé. Mais la consignation est nécessaire, s'il s'élève des difficultés entre eux touchant la répartition du prix ou leur droit de préférence.

67. L'acceptation des créanciers peut, d'ailleurs, être expresse, tacite ou forcée.

1° Elle est *expresse*, lorsqu'ils déclarent formellement au nouveau propriétaire que le prix offert leur paraît suffisant et qu'ils entendent s'en contenter. Ils ne manqueront pas d'en agir ainsi, toutes les fois que la somme offerte ne sera pas inférieure au montant des créances inscrites. Il sera encore dans leur intérêt d'en agir ainsi, lorsque cette somme, bien qu'inférieure au montant des créances inscrites, sera la représentation de la valeur réelle du gage commun.

2° L'acceptation des créanciers peut aussi être *tacite*, et c'est même là le cas directement prévu par l'article 2186; cet article fait résulter l'acceptation tacite de l'absence de toute réquisition de surenchère pendant le délai accordé aux créanciers pour surenchérir.

Toutefois le défaut de surenchère valable ne prive pas les créanciers hypothécaires du droit d'attaquer, pour cause de fraude ou de simulation, le titre d'acquisition du tiers détenteur. Vainement on argumenterait, pour leur refuser ce droit, des termes de l'article 2186, d'après lequel « à défaut, par les créanciers, d'avoir requis la mise aux enchères dans le délai et les formes prescrits, la valeur de l'immeuble demeure définitivement fixée au prix stipulé dans le contrat, ou déclaré par le nouveau propriétaire..... » Cet article veut tout simplement dire que, déchus désormais du droit de surenchérir, les créanciers ne peuvent plus arriver, par ce moyen, à obtenir de leur gage un prix supérieur à celui qu'ils ont accepté. Mais, laissant de côté la voie de la surenchère, ils trouvent dans le droit commun et dans l'action paulienne de l'article 1167, le droit d'attaquer et de faire annuler la vente de leur gage faite en fraude de leurs droits.

3° Enfin il y a des cas où l'acceptation des créanciers est *forcée*. C'est le cas où la réquisition de mise aux enchères vient à être annulée pour cause d'irrégularités. Ici, en effet, il n'y a rien de volontaire, ni de spontané de la part des créanciers : au contraire, ils avaient trouvé l'offre insuffisante et ils s'étaient déterminés à surenchérir. Mais leur réquisition de mise aux enchères n'avait pas été faite régulièrement et elle a été annulée. Leur refus est dès lors considéré comme non avenu par l'article 2186, qui assimile la réquisition de mise aux enchères faites « sans les formes prescrites », à celle qui est faite après les délais.

68. 2me HYPOTHÈSE. *Les créanciers requièrent la mise aux en-*

chères de l'immeuble hypothéqué. — Ce droit que la loi leur accorde est un correctif de la purge. S'il était juste de permettre au tiers détenteur de conserver l'immeuble hypothéqué qu'il avait acquis, en offrant aux créanciers la valeur réelle de l'immeuble, il fallait aussi défendre ces derniers contre les fraudes et les dissimulations de prix; il fallait leur donner le moyen de combattre la mauvaise foi de leur débiteur, qui aurait pu leur soustraire une partie de la valeur réelle de l'immeuble, en s'entendant avec l'acquéreur. La loi a donc dû, afin de contrebalancer la faveur accordée au détenteur de purger l'immeuble des hypothèques qui le grèvent, donner aux créanciers inscrits le droit de faire porter cet immeuble à son véritable prix, s'ils trouvent que celui offert n'en représente pas la valeur réelle. Ce droit se nomme, dans le langage juridique, *droit de surenchère*, parce que les créanciers hypothécaires ne peuvent l'exercer qu'en s'engageant à porter ou à faire porter le prix à un dixième en sus de celui qui a été stipulé dans le contrat, ou déclaré par le nouveau propriétaire.

69. La loi, dans les articles 2185, 2187 à 2192, détermine successivement les conditions auxquelles est soumise la réquisition de mise aux enchères, et les effets de l'adjudication à laquelle la réquisition donne lieu. C'est ce que nous allons examiner avec elle, après nous être demandé qui peut surenchérir.

70. L'article 2185 répond à cette première question, en disant que « tout créancier dont le titre est inscrit, peut requérir la mise de l'immeuble aux enchères. » Tout créancier, dit cet article; il n'y a donc pas lieu de s'inquiéter du rang et de l'importance de la créance. Peu importe également que le créancier n'ait aucun intérêt à surenchérir, soit parce qu'il ne pourrait prétendre à un rang utile, quel que soit le résultat des enchères, soit, au contraire, parce que le prix de la vente consentie par le débiteur serait suffisant pour acquitter toutes les créances inscrites. La loi le laisse seul juge de l'intérêt qu'il peut avoir à exercer son droit de surenchère. Seulement il faut qu'il ait pris inscription en temps utile (art. 2185). Inutile d'ajouter que cette inscription doit être valable, non périmée, et avoir été prise pour sûreté d'un

droit légitime, lequel subsiste encore au moment de la surenchère.

71. Le créancier dont le nom a été omis par le conservateur sur l'état par lui délivré, à la requête du tiers détenteur qui veut payer, ne saurait être admis à surenchérir; son inscription n'a pas plus d'effet vis-à-vis du tiers détenteur, que si elle n'avait jamais existé. C'est ce qui résulte de l'article 2198 ainsi conçu : « L'immeuble, à l'égard duquel le conservateur aurait omis dans ses certificats une ou plusieurs des charges inscrites, en demeure, sauf la responsabilité du conservateur, *affranchi* dans les mains du nouveau possesseur... »

72. La seconde condition exigée du créancier pour pouvoir surenchérir, c'est d'avoir la capacité nécessaire pour s'obliger. La réquisition de mise aux enchères a, en effet, un caractère mixte. Elle a pour but, il est vrai, de conserver le droit hypothécaire du créancier, et à ce point de vue, on peut dire que c'est un acte conservatoire. Mais, aux termes de l'article 2185, elle doit contenir soumission du requérant de porter ou faire porter le prix à un dixième en sus de celui qui est offert par le tiers détenteur. Elle suppose donc chez lui la capacité nécessaire pour pouvoir s'obliger.

73. Ainsi le mineur et l'interdit ne peuvent pas surenchérir, parce qu'ils ne peuvent pas s'obliger. Leur tuteur exercera ce droit pour eux. Suivant M. Pont (1), l'autorisation du conseil de famille ne lui serait pas nécessaire, car il s'agit ici d'un acte qui peut aboutir éventuellement à l'acquisition d'un immeuble, et l'on ne voit pas que le tuteur ait besoin de l'autorisation du conseil de famille pour faire de semblables acquisitions. Tel n'est pourtant pas l'avis de MM. Grenier, Troplong, Aubry et Rau (2). Sans doute, disent ces auteurs, la surenchère peut aboutir à une acquisition; mais ne touche-t-elle pas aux droits immobiliers du mineur? ne tend-elle pas à réaliser son droit hypothécaire? Or, si le tuteur peut, sans l'autorisation du conseil de famille, acquérir au nom de son pupille, cette autorisation lui est indispensable pour introduire en justice toute action relative aux droits immobiliers du mineur.

(1) Pont, n° 1343.
(2) Grenier, II, 450; — Troplong, IV, 953; — Aubry et Rau, III, § 294, texte et note 60.

74. Le mineur émancipé ne pouvant pas s'obliger sans l'assistance de son curateur (art. 482 et suiv. C. civ.), ne peut surenchérir qu'avec l'assistance de ce même curateur. Il en est de même du prodigue qui doit être assisté de son conseil (art. 513 C. civ.)

75. Toujours par le même motif, l'autorisation du mari ou de la justice est indispensable à la femme, même séparée de biens, pour qu'elle puisse exercer son droit de surenchère (art. 217 et 219 C. civ.). Cette autorisation doit d'ailleurs être spéciale.

76. La nullité résultant de l'incapacité du créancier requérant peut toujours être couverte par une autorisation accordée même après l'expiration du délai de surenchère de l'article 2185.

MM. Aubry et Rau (1), se fondant sur le caractère purement relatif de cette nullité, décident qu'elle ne peut être invoquée que par l'incapable lui-même (art. 225 et 1125 C. civ.). M. Troplong (2) pense, au contraire, que le tiers acquéreur peut s'en prévaloir. Voici comment raisonne ce savant magistrat : « Nul n'est obligé de répondre à une demande formée par un incapable. A la vérité, l'incapacité de la femme et celle du mineur sont relatives ; mais que résulte-t-il de là ? C'est qu'une fois l'engagement formé, celui qui a contracté avec la femme et le mineur ne peut plus se dégager sous prétexte de leur incapacité (art. 112 C. civ.) ; mais, lorsque l'engagement n'est pas parfait, lorsqu'au contraire il est à former, on peut toujours opposer au mineur ou à la femme le défaut d'autorisation, et refuser de la reconnaître, tant qu'ils ne se seront pas conformés à la loi. »

77. Nous venons de voir quelles personnes peuvent surenchérir. Abordons maintenant l'étude des règles auxquelles est soumise la réquisition de mise aux enchères. A cet égard, l'article 2185 prescrit :

1° Que la réquisition soit signifiée au nouveau propriétaire dans quarante jours, au plus tard, de la notification faite à la requête de ce dernier, en y ajoutant un jour par cinq myria-

(1) Aubry et Rau, III, § 294, texte et note 63.
(2) Troplong, IV, n° 954.

mètres de distance entre le domicile élu et le domicile réel de chaque créancier requérant (1);

2° Qu'elle contienne soumission du requérant, de porter ou faire porter le prix à un dixième en sus de celui qui aura été stipulé dans le contrat, ou déclaré par le nouveau propriétaire;

3° Que la même signification soit faite dans le même délai au précédent propriétaire, débiteur principal;

4° Que l'original et les copies de ces exploits soient signés par le créancier requérant, ou par son fondé de procuration expresse, lequel, en ce cas, est tenu de donner copie de sa procuration;

5° Qu'il offre de donner caution jusqu'à concurrence du prix et des charges.

Le tout à peine de nullité.

Reprenons successivement chacune de ces conditions, dont nous modifierons l'ordre pour la commodité de nos explications.

78. I. La réquisition de mise aux enchères doit être signifiée au tiers détenteur dans les quarante jours qui suivent ses notifications. Ce délai court, pour chaque créancier individuellement, à partir de la notification qui lui a été faite, sans qu'il puisse se prévaloir de cette circonstance qu'un autre créancier aurait été touché plus tard que lui de la notification. Le *dies a quo* peut donc varier pour chaque créancier suivant le bon plaisir du tiers détenteur.

79. Depuis que la loi du 3 mai 1862 est venue modifier l'article 2185 du Code civil, ce délai de quarante jours s'augmente d'un jour par cinq myriamètres de distance entre le domicile élu et le domicile réel du créancier requérant. Les fractions de moins de quatre myriamètres ne sont pas comptées; celles de quatre myriamètres et au-dessus comptent pour un jour (art. 1033 C. pr. civ.).

80. Pour faire le calcul du délai accordé aux créanciers, qui veulent requérir la mise de l'immeuble aux enchères, on ne compte pas le jour où ils ont reçu les notifications du tiers détenteur c'est-à-dire le *dies a quo;* mais le *dies ad quem* est

(1) L'article 2185 accordait une augmentation de deux jours par cinq myriamètres. Il a été modifié par la loi du 3 mai 1862.

le dernier jour utile, à moins qu'il ne tombe sur un jour férié, auquel cas le délai est prorogé au lendemain (art. 1033 C. pr. civ.).

81. Ce délai court contre toutes personnes, même contre les mineurs. Si la perte du droit de surenchère leur est préjudiciable, recours leur est accordé contre le tuteur qui a négligé de l'exercer en temps utile.

82. L'article 2185 voulait que la réquisition de mise aux enchères fût signifiée au nouveau propriétaire. — La loi du 2 juin 1841 a modifié cette disposition de l'article 2185 : aujourd'hui, c'est à l'avoué constitué par le nouveau propriétaire dans sa notification, que cette signification doit être faite; le président du tribunal de première instance, où la surenchère sera portée, commet à cet effet un huissier sur simple requête (art. 832 C. pr. civ.).

83. II. L'acte de réquisition de mise aux enchères doit être signifié dans le délai que nous venons d'indiquer ci-dessus, non-seulement au tiers acquéreur, mais aussi à l'aliénateur, débiteur principal; car il a intérêt à payer les créanciers afin d'éviter l'action en garantie à laquelle il serait soumis en cas d'éviction. Si le précédent propriétaire n'est pas en même temps, comme la loi le suppose, le débiteur de la dette, il serait prudent de faire la signification tout à la fois au précédent propriétaire et au débiteur principal, l'un et l'autre ayant également intérêt à la payer. Si l'immeuble a été acquis par plusieurs personnes, la signification doit leur être adressée à toutes, alors même que l'acquisition aurait été faite solidairement.

84. III. La réquisition de mise aux enchères doit contenir soumission du requérant de porter ou faire porter le prix à un dixième en sus de celui qui a été stipulé dans le contrat ou déclaré par le nouveau propriétaire.

On comprend aisément toute l'utilité d'une semblable disposition. Sans elle, le détenteur aurait pu être dépouillé trop légèrement, sur la simple espérance qu'aurait eue le créancier de faire monter le prix à la chaleur des enchères; les surenchères se seraient multipliées outre mesure, et cela aurait nui aux transmissions de propriété. Grâce à cette obligation qui lui incombe de faire porter le prix à un dixième en sus, le créancier ne surenchérira pas aussi facilement, puisqu'il peut craindre que, s'il ne survient pas d'enchères, l'immeuble lui reste pour le prix qu'il a offert. Sous la loi de brumaire, la surenchère devait être du vingtième : le Code l'a portée au dixième, sans doute afin de rendre les surenchères moins faciles et de protéger davantage le détenteur.

85. Le dixième doit être calculé sur tout ce qui constitue le prix, c'est-à-dire non-seulement sur ce qui fait le prix principal, mais encore sur ce qui forme son accessoire, comme épingles, pots de vin, etc. En un mot, tout ce qui est notifié aux créanciers hypothécaires inscrits, comme devant tourner au profit du vendeur, doit être considéré comme une partie du prix, et la surenchère du dixième doit se baser sur tout cet ensemble, sans quoi le créancier requérant, qui ne se soumettrait pas à cette obligation, ferait une procédure nulle.

86. Il convient ici d'exposer les hypothèses prévues par l'article 2192, dont nous avons déjà parlé à propos des notifications imposées au tiers acquéreur.

Lorsque des meubles et des immeubles ont été aliénés pour un seul et même prix, le créancier hypothécaire ne peut pas être contraint, et n'a pas le droit de surenchérir le prix total porté au contrat; la soumission ne peut être portée que sur les immeubles.

Si la vente comprend des immeubles dont quelques-uns seulement sont hypothéqués, la soumission ne doit porter que sur les immeubles hypothéqués.

Si elle comprend des immeubles, tous hypothéqués, il est vrai, mais situés dans différents arrondissements, le créancier n'est pas tenu d'étendre sa soumission aux immeubles situés hors de l'arrondissement.

Si nous supposons maintenant une vente, pour un seul et même prix, d'immeubles frappés d'inscriptions particulières et séparées au profit de plusieurs personnes, la soumission d'un créancier ne peut ni ne doit porter que sur l'immeuble hypothéqué pour sûreté de sa créance. Même solution dans les cas où ces immeubles seraient frappés d'inscriptions particulières et distinctes au profit d'un seul créancier, mais pour des créances distinctes.

Toutes les fois que les immeubles, vendus pour un seul et unique prix, sont grevés d'hypothèques générales, le tiers acquéreur n'étant pas tenu de déclarer par ventilation le prix de chaque immeuble, le créancier à hypothèque générale doit, à défaut de ventilation, surenchérir sur la totalité des biens.

Si les immeubles vendus étaient grevés à la fois d'hypothèques générales et d'hypothèques spéciales, le nouveau propriétaire devrait déterminer par ventilation le prix de chaque immeuble frappé d'inscriptions particulières. Dès lors on peut se demander si, dans cette hypothèse, la ventilation faite dans l'intérêt des créanciers à hypothèque spéciale profite aux créanciers à hypothèque générale ? — Poser la question, c'est la résoudre : Oui, les créanciers à hypothèque générale pourront surenchérir sur tel immeuble, sans surenchérir sur tel autre. Comment, en effet, leur refuser ce droit, du moment où le prix de chaque immeuble est fixé par ventilation. Sans doute l'article 2192 ne leur permet pas de demander la ventilation; mais il ne leur interdit pas d'en profiter, lorsqu'elle a lieu par suite de la présence de certains créanciers inscrits.

87. IV. Comme quatrième condition, l'acte de réquisition doit contenir l'offre de donner caution jusqu'à concurrence du prix et des charges, ainsi que du dixième en sus, avec indication nominative de la personne présentée comme caution (art. 2185-5° C. civ., et 832 C. pr. civ. comb.). Cette caution est exigée dans l'intérêt des autres créanciers : il peut arriver, en effet, que le créancier qui a requis la mise de l'immeuble aux enchères, soit déclaré adjudicataire et ne puisse pas payer. Si la caution n'était pas là pour couvrir son insolvabilité, on serait obligé de recourir à la folle enchère, et il pourrait se faire que le prix qu'on retirerait de la vente de l'immeuble sur cette folle enchère fût inférieur à celui offert par l'acquéreur. De là un préjudice pour la masse des créanciers.

88. La caution doit réunir les conditions de capacité, de solvabilité et de domicile exigées par les articles 2018 et 2019 combinés avec l'article 2040 du Code civil. Il faut donc : 1° qu'elle soit domiciliée dans le ressort de la Cour d'appel où le cautionnement est fourni, car les poursuites que l'on voudrait diriger contre une caution trop éloignée, seraient presque toujours plus ruineuses qu'uti-

les (1); — 2° qu'elle soit capable de s'obliger, car autrement son engagement serait illusoire; — 3° enfin qu'elle soit solvable. Sa solvabilité est appréciée uniquement eu égard à la valeur de ses immeubles non litigieux et pas trop éloignés. Les meubles, en effet, se déplacent trop aisément pour présenter une sûreté bien solide; quant aux immeubles litigieux, la sûreté qu'ils peuvent présenter dépend du gain ou de la perte d'un procès, et n'est pas par conséquent certaine; enfin les immeubles éloignés sont trop difficiles à discuter.

89. La solvabilité de la caution doit être établie au moment où elle fait sa soumission et dépose au greffe les titres qui constatent cette solvabilité (art. 517 et 519 C. pr. civ.). Mais si, par suite d'un cas fortuit que le surenchérisseur ne pouvait prévoir, la caution qui était solvable lors du dépôt des titres, devient ensuite insolvable avant sa réception et dans le délai de quarante jours de l'article 2185, il serait trop rigoureux d'annuler la surenchère; aussi devrait-on permettre au créancier d'en présenter une nouvelle qui remplit les conditions voulues. En effet, comme dit M. Troplong, il ne peut répondre des événements imprévus qui dérangent les combinaisons de sa prudence; et ce serait aller jusqu'à une sévérité outrée que d'annuler des actes éminemment utiles, parce qu'une caution valable au commencement est ensuite devenue insolvable (2).

90. A défaut de caution qui veuille répondre pour lui, le créancier peut offrir « un gage en nantissement suffisant » (art. 832 C. pr. civ. et 2041 C. civ., comb.). L'article 832 du Code de procédure se restreint, par ses termes mêmes, au nantissement en argent ou en rentes sur l'État; donc le surenchérisseur ne pourrait pas remplacer la caution par une hypothèque sur ses biens. Sans doute l'hypothèque garantirait bien l'engagement du surenchérisseur, mais le paiement ne pourrait pas s'effectuer aussi rapidement que lorsqu'il donne un nantissement en argent, puisque les créan-

(1) Toutefois la jurisprudence décide assez généralement que la caution non domiciliée dans le ressort de la Cour d'appel, peut néanmoins être reçue, si son domicile est rapproché du tribunal où elle est donnée, lorsque d'ailleurs il y a élection de domicile dans le ressort.

(2) Troplong, IV, n° 943.

ciers seraient obligés de recourir à l'expropriation; en sorte qu'ils ne sortiraient d'une procédure longue et dispendieuse que pour retomber dans une autre qui ne le serait pas moins.

91. On s'est demandé jusqu'à concurrence de quelle somme la caution doit s'engager. Pour soutenir qu'elle devait s'engager seulement jusqu'à concurrence du prix et des charges de la vente, tels qu'ils ont été stipulés entre le tiers détenteur qui purge et son vendeur, la cour de Rennes, dans un arrêt du 29 mai 1828, se fondait sur les termes mêmes de l'article 2185-5°, d'après lequel « le surenchérisseur doit offrir de donner caution du prix et des charges »; ce serait donc outrepasser les exigences de la loi que de vouloir étendre les effets de ce cautionnement au dixième en sus formant le montant de la surenchère.

La Cour de cassation a cassé cet arrêt en appuyant sa décision sur des motifs devant lesquels nous nous inclinons. N'est-il pas plus logique, en effet, d'appliquer ces mots « prix et charges » de l'article 2185-5° aux engagements contractés par le surenchérisseur qu'à ceux qui résultent d'un contrat de vente auquel il est complétement étranger? Ajoutons qu'aux termes de l'article 2011, celui qui se porte caution d'une obligation, se soumet envers le le créancier *à satisfaire à cette obligation*, si le débiteur n'y satisfait par lui-même. L'article 2013, deuxième aliéna, dit plus loin que le cautionnement *peut être contracté* pour une partie de la dette seulement. Dès lors n'est-il pas naturel de supposer que si la caution n'a rien dit, c'est qu'elle a entendu s'obliger de la même manière que le débiteur principal, par conséquent pour le dixième en sus. D'autant plus que si elle ne s'obligeait pas pour le dixième, le but de la loi ne serait pas rempli ; car, si l'on suppose que le surenchérisseur devienne insolvable, les créanciers se trouveraient exactement dans la même position que s'ils avaient accepté l'offre du détenteur, qui aurait été ainsi dépouillé fort inutilement (1).

92. Le Trésor est dispensé de donner caution; une loi du 21 février 1827 le dit expressément. Cette loi fut votée à la suite d'un arrêt de la Cour de cassation en date du 9

(1) Troplong, IV, n° 947.

août 1826, qui avait décidé que le fisc ne devait pas être dispensé de donner caution.

93. V. L'article 2185-4° exige, comme cinquième et dernière condition, que l'original et les copies de l'acte contenant réquisition de mise aux enchères, soient signés par le créancier surenchérisseur, ou par son fondé de procuration expresse, lequel, en ce cas, est tenu de donner copie de sa procuration. Grâce à cette mesure de protection, le créancier, avant de s'engager dans la voie de la surenchère, réfléchira à la gravité des engagements qu'il va prendre, et cèdera moins légèrement aux conseils trop peu désintéressés de certains officiers ministériels.

94. Telles sont les formalités prescrites par l'article 2185 pour la réquisition de mise aux enchères ; elles forment un tout indivisible et sont prescrites à peine de nullité. Cette nullité doit être proposée, à peine de déchéance, avant le jugement appelé à statuer sur la réception de la caution (art. 838, § 4 C. pr. civ.).

95. Après nous être demandé par qui et en quelles formes la surenchère doit être requise, nous allons examiner les effets d'une surenchère valable, nous occupant tout d'abord des droits que la réquisition de mise aux enchères faite par l'un des créanciers inscrits confère aux autres.

96. Voici ce que dit à ce sujet l'article 2190 : Le désistement du créancier requérant la mise aux enchères, ne peut, même quand le créancier paierait le montant de la soumission, empêcher l'adjudication publique, si ce n'est du consentement exprès de tous les autres créanciers hypothécaires. Cet article édicte une mesure de protection en faveur de la masse des créanciers, et a pour but de prévenir les fraudes qui auraient pu intervenir entre le créancier surenchérisseur et le tiers acquéreur. Je suppose que celui-ci, dans ses notifications, offre un prix si bas que, même augmenté du dixième, il soit encore inférieur à la valeur réelle de l'immeuble ; il s'est entendu au préalable avec un créancier, qui requiert la mise aux enchères dans le délai prescrit par l'article 2185. Les autres créanciers qui comptent sur les enchères pour faire arriver l'immeuble à sa véritable valeur, voulant d'ailleurs éviter un surcroît de frais inutiles,

restent dans l'inaction. Puis quand le délai de l'article 2185 est expiré, c'est-à-dire quand ils ont tous perdu le droit de surenchère, le créancier requérant se désiste purement et simplement, ou même se désiste en offrant de payer le montant de sa soumission. Dans l'un comme dans l'autre cas, le prix de l'immeuble reste fixé à un taux bien au-dessous de sa valeur réelle et la masse des créanciers se trouve ainsi lésée. C'est cette entente frauduleuse que l'article 2190 a voulu empêcher (1).

Il résulte de cet article que la demande de mise aux enchères faite par l'un des créanciers, profite à tous et est commune à tous les créanciers inscrits. D'où les deux conséquences suivantes : 1° le surenchérisseur ne peut par son désistement, même accompagné de l'offre de payer le montant de sa soumission, empêcher l'adjudication de l'immeuble, si ce n'est du consentement de tous les créanciers inscrits ; 2° le tiers acquéreur ne peut arrêter les effets de la surenchère en désintéressant le créancier surenchérisseur. Nous verrons toutefois qu'il peut empêcher la revente de l'immeuble, en offrant de payer tous les créanciers inscrits en principal, intérêts et frais.

97. Le créancier qui a requis la mise de l'immeuble aux enchères, doit en poursuivre l'adjudication ; et s'il ne se présente pas d'autre enchérisseur au jour fixé pour la revente, il garde l'immeuble en payant le montant de sa soumission (art. 838 C. pr. civ.). Aussi, la loi craignant qu'il ne poursuive pas la revente dans le plus bref délai possible, afin d'écarter les amateurs, a-t-elle décidé dans l'article 2187, que cette poursuite appartiendrait au plus diligent du surenchérisseur ou du nouveau propriétaire. Celui-ci a, en effet, le plus grand intérêt à ce que sa position ne soit pas indéfiniment en suspens ; il reste propriétaire de l'immeuble jusqu'à l'adjudication, et comme tel, responsable de toutes les pertes et détériorations qui pourraient y survenir.

(1) Aujourd'hui encore, il est à craindre que le créancier surenchérisseur ne s'entende avec le tiers détenteur pour laisser dans son acte de réquisition une cause de nullité, que celui-ci ne ferait valoir qu'une fois les délais de l'article 2185 expirés. Aussi les autres créanciers devront-ils toujours examiner avec soin si la réquisition est valable ; s'ils éprouvent quelque doute, ils agiront prudemment, en faisant eux-mêmes une seconde demande pour le cas où la première serait nulle.

98. Si un mois s'écoule à partir de la réquisition sans que le surenchérisseur ou le nouveau propriétaire donnent suite à l'action, chacun des créanciers inscrits a le droit de se faire subroger à la poursuite. L'article 833 du Code de procédure empêche ainsi que la négligence ou l'entente frauduleuse de ceux que l'article 2187 avait désignés pour poursuivre la revente, ne porte préjudice à la masse des créanciers, qui ont tout intérêt à être payés promptement.

99. La subrogation est demandée par simple requête en intervention, et signifiée par acte d'avoué à avoué. On évite ainsi les frais et les lenteurs de la procédure ordinaire. — Le même droit de subrogation reste ouvert au profit des créanciers inscrits, lorsque dans le cours de la poursuite, il y a collusion, fraude ou négligence de la part du poursuivant. — La subrogation, dans tous les cas, a lieu aux risques et périls du surenchérisseur, sa caution continuant à être obligée. Cette sévérité de la loi s'explique, lorsqu'on envisage les conséquences funestes que le mauvais vouloir du surenchérisseur aurait pu entraîner pour les intérêts des autres créanciers.

100. La procédure à suivre pour arriver à la revente aux enchères est réglée par les articles 836 et 837 du Code de procédure. Cette revente, nous dit l'article 2187, aura lieu suivant les formes établies pour l'expropriation forcée; l'assimilation n'est pourtant pas complète, puisqu'il ne faut ici ni commandement ni dénonciation.

Le poursuivant doit faire imprimer des placards qui contiendront :

1° La date et la nature de l'acte d'aliénation sur lequel la surenchère a été faite, le nom du notaire qui l'aura reçu ou de toute autorité appelée à sa confection ;

2° Le prix énoncé dans l'acte, s'il s'agit d'une vente, ou l'évaluation donnée aux immeubles dans la notification aux créanciers inscrits, s'il s'agit d'un échange ou d'une donation ;

3° Le montant de la surenchère ;

4° Les noms, professions, domiciles du précédent propriétaire, de l'acquéreur ou donataire, du surenchérisseur, ainsi que du créancier qui lui est subrogé dans le cas de l'article 333 ;

5° L'indication sommaire de la nature et de la situation des biens aliénés ;

6° Le nom et la demeure de l'avoué constitué pour le poursuivant ;

7° L'indication du tribunal où la surenchère se poursuit, ainsi que des jour, lieu et heure de l'adjudication.

Ces placards seront apposés, quinze jours au moins et trente jours au plus avant l'adjudication, à la porte du domicile de l'ancien propriétaire et aux lieux désignés dans l'article 699 du Code de procédure. — Dans le même délai, l'insertion des énonciations qui précèdent sera faite dans le journal désigné en exécution de l'article 696, et le tout sera constaté comme il est dit dans les articles 698 et 699 (art. 836 C. pr. civ.).

Quinze jours au moins et trente jours au plus avant l'adjudication, sommation sera faite à l'ancien et au nouveau propriétaire d'assister à cette adjudication, aux lieu, jour et heure indiqués. Pareille sommation sera faite au créancier surenchérisseur, si c'est le nouveau propriétaire ou un autre créancier subrogé qui poursuit (art. 837 C. pr. civ.).

Dans cette vente par voie de surenchère, il n'est pas dressé de cahier de charges ; il suffit de déposer au greffe le contrat de la première aliénation, qui tiendra lieu de minute d'enchère. Le prix porté au contrat ou la valeur déclarée par le tiers acquéreur et le montant de la surenchère tiendront lieu d'enchère (art. 837 C. pr. civ.).

Pour la suite de la procédure, nous n'avons qu'à nous référer à ce qui se pratique en matière d'expropriation forcée.

101. Remarquons en passant que, malgré la réquisition de mise aux enchères, malgré l'accomplissement des formalités prescrites pour arriver à la revente de l'immeuble, le tiers acquéreur en reste propriétaire jusqu'à l'adjudication. Il résulte de là que la perte de l'immeuble ou les détériorations qu'il viendrait à subir dans l'intervalle de la surenchère à la revente, restent à la charge du tiers détenteur ; dans ce cas le créancier surenchérisseur n'est pas obligé de maintenir son enchère : il peut la rétracter complètement, ou même simplement la restreindre.

102. Une autre conséquence importante à tirer de ce fait que le tiers détenteur reste propriétaire de l'immeuble tant que l'adjudication n'est pas prononcée, c'est qu'il peut en empê-

cher la revente pourvu qu'il offre de payer tous les créanciers inscrits, en principal, intérêts et frais. Ceux-ci n'ont aucun motif de s'y opposer, puisqu'ils sont sûrs d'être entièrement désintéressés. D'ailleurs l'acquéreur qui a délaissé, peut, jusqu'à l'adjudication, invoquer l'article 1173 et reprendre l'immeuble, en payant toute la dette et les frais. L'article 687 du Code de procédure nous dit qu'en matière de saisie immobilière, l'aliénation faite même après la transcription de la saisie est maintenue, et qu'en conséquence l'acquéreur empêche la revente de l'immeuble, si, avant le jour fixé pour l'adjudication, il consigne somme suffisante pour acquitter en principal, intérêts et frais, ce qui est dû aux créanciers inscrits, ainsi qu'au saisissant. Pourquoi donc lui refuserait-on ici la même faveur ?

103. Les effets de l'adjudication sur surenchère sont différents, suivant qu'elle a lieu au profit du tiers acquéreur lui-même, qui se porte dernier enchérisseur, ou au profit d'un étranger. Nous avons donc deux cas à examiner.

104. 1er *cas.* C'est le tiers détenteur qui se porte adjudicataire. — L'adjudication ne le rend pas propriétaire ; mais elle consolide le droit de propriété qu'il tenait de son contrat d'acquisition. C'est la loi elle-même qui nous l'apprend. « Il *conserve*, dit l'article 2189, l'immeuble mis aux enchères, en se rendant dernier enchérisseur. »

105. Comme conséquence, le même article prend soin d'ajouter que le tiers détenteur, devenu adjudicataire définitif, n'est pas tenu de faire transcrire le jugement d'adjudication. Il en résulte par *a contrario*, que la transcription est nécessaire quand l'adjudicataire est toute autre personne que le détenteur.

Cette distinction logique sous la loi de brumaire, qui exigeait la transcription de tout acte translatif de propriété, n'avait aucune raison d'être sous l'empire des principes purs du Code civil, qui admettait le transfert de la propriété, *nudo consensu*, même à l'égard des tiers. Aujourd'hui, depuis que la loi du 23 mars 1855 a remis en vigueur les principes de la loi de brumaire en matière de transcription, l'article 2189 a recouvré toute son utilité. Si donc l'adjudicataire est un étranger, il doit faire transcrire son jugement d'adjudication.

Si c'est le tiers détenteur lui-même qui se porte adjudicataire, cette formalité est inutile; car, dans ce cas, le jugement d'adjudication ne transfère pas, mais consolide entre ses mains la propriété acquise en vertu du contrat primitif, lequel a déjà été transcrit.

106. Mais, si le tiers acquéreur conserve ainsi la propriété de l'immeuble, ce n'est qu'au moyen de sacrifices; en se portant surenchérisseur, il a été obligé de payer une somme supérieure à celle qui avait été convenue avec son vendeur : « En effet, comme le remarque très-justement M. Pont (1), l'acquéreur n'est tenu vis-à-vis de son vendeur que dans les termes et dans les conditions de son contrat d'acquisition, lequel, subsistant toujours avec toutes ses clauses, au moins vis-à-vis du vendeur lui-même, oblige celui-ci à en garantir et assurer la pleine et parfaite exécution. » Aussi l'article 2191 du Code civil décide-t-il que le tiers acquéreur aura son recours tel que de droit contre le vendeur, pour le remboursement de ce qui excède le prix stipulé par son titre, et pour l'intérêt de cet excédant à compter du jour de chaque paiement. La disposition de l'article 2191 doit être d'ailleurs appliquée, quel que soit le contrat à titre onéreux en vertu duquel l'acquéreur est devenu propriétaire.

107. Mais nous ne l'étendrons pas au cas où le nouveau propriétaire a acquis l'immeuble à titre gratuit; ici, en effet, il ne peut plus être question d'un recours en garantie, puisque en principe le donataire n'a pas droit à la garantie. Ce n'est pas à dire pour cela que cet acquéreur se verra privé de tout recours. Bien loin de là, il aura une action, l'action *negotiorum gestorum* contre son auteur, si celui-ci était débiteur personnel des créanciers hypothécaires; car l'excédant déboursé par le tiers acquéreur a servi à diminuer d'autant la dette de son auteur vis-à-vis des créanciers hypothécaires. Si, au contraire, celui-ci n'était lui-même que tiers détenteur, l'acquéreur aura la même action *negotiorum gestorum* contre les précédents propriétaires, débiteurs personnels des dettes acquittées.

108. Est-il besoin d'ajouter que si le prix d'adjudication est tel que, tous les créanciers hypothécaires étant payés, il

(1) Pont, n° 1301.

reste un excédant entre les mains de l'adjudicataire, cet excédant lui appartient.

109. 2me *cas*. C'est un tiers qui se porte adjudicataire. — Dès que l'adjudication est prononcée, le détenteur cesse d'être propriétaire, tandis que l'adjudicataire le devient (1). Celui-ci doit faire transcrire le jugement d'adjudication (art. 2189, *a contrario*).

Aux termes de l'article 2188, l'adjudicataire est tenu, au delà du prix de son adjudication, de restituer au détenteur évincé les frais et loyaux coûts de son contrat, ceux de transcription sur les registres du conservateur, ceux de notification, et ceux faits par lui pour parvenir à la revente. Il est, en effet, conforme à toutes les règles du droit et de l'équité que le détenteur soit rendu indemne; mais on ne pouvait pas faire servir le prix d'adjudication à l'indemniser, car il y aurait eu diminution du gage des créanciers, qui pouvaient même perdre tout le bénéfice de la purge.

110. Le tiers détenteur évincé par l'effet du jugement d'adjudication, a un recours en garantie contre son vendeur. L'article 2178, bien qu'il statue pour le cas de délaissement par hypothèque, reçoit néanmoins ici son application.

111. Il en est de même de l'article 2175, que nous pouvons invoquer par analogie pour accorder au tiers détenteur qui a fait des impenses sur la chose vendue, le droit de réclamer le montant de la plus-value aux créanciers hypothécaires, qui profitent en définitive de l'amélioration survenue à leur gage.

112. Nous examinons ici en appendice une controverse qui se rattache à l'exercice du droit de surenchère. Voici l'espèce. *Primus* cède un immeuble à *Secundus*, l'un de ses héritiers, à titre de donation. Celui-ci consent une hypothèque à *Tertius*, puis vend l'immeuble à *Quartus*, qui voulant purger, notifie son contrat. conformément à l'article 2183. Touché de ces notifications, le créancier *Tertius* requiert dans les quarante jours la mise de l'immeuble aux enchères, et porte lui-même

(1) C'est une question très-controversée que celle de savoir si le jugement d'adjudication prononcé au profit d'un tiers, a oui ou non pour effet de résoudre rétroactivement le contrat en vertu duquel l'acquéreur est devenu propriétaire de l'immeuble hypothéqué. Voy. sur cette controverse une dissertation de M. Vernet, *Revue pratique*, t. XX; — Mourlon, *Répét. écr.*, t. III, p. 694 et suiv.

une surenchère du dixième, aux termes de l'article 2185. Mais dans le même délai *Primus*, le donateur, meurt, et *Secundus*, le donataire, qui est en même temps l'un de ses héritiers, est soumis par ses cohéritiers à l'exercice d'une action en rapport. La question est de savoir si *Tertius*, le créancier inscrit, a perdu son droit de suite par l'exercice de la surenchère, et s'il faut dire que l'immeuble sera rapportable en nature.

112 *bis*. Dans un premier système, on répond affirmativement. L'exercice de la surenchère fait perdre au créancier le droit de suite, en anéantissant la première vente, de telle sorte que l'immeuble doit être désormais rapporté en nature. Le principe général, dit-on, c'est que le rapport doit être fait en nature (art. 859). Or, dans l'espèce, il y a eu sans doute aliénation ; mais la surenchère a résolu ce contrat primitif. Dès lors que reste-t-il ? la donation primitive. Si la donation est restaurée, le rapport doit être fait en nature. — On sait d'ailleurs que le droit de suite sert au créancier à atteindre son gage entre les mains du tiers acquéreur. Or, le gage est si bien atteint par la surenchère, que le tiers acquéreur va être dépouillé par l'adjudication publique qui s'en suivra, ou tout au moins forcé de couvrir la surenchère. Le droit de suite est donc désormais épuisé et sans objet. — Sans doute, l'acquéreur qui conserve l'immeuble mis aux enchères, en se rendant dernier enchérisseur, n'est pas tenu de faire transcrire le jugement d'adjudication (art. 2189); mais cela ne prouve pas qu'il soit maintenu et confirmé dans le droit primitif dérivant de son titre d'acquisition. Tout au contraire, il acquiert un droit nouveau en vertu de l'adjudication, où il s'est porté dernier enchérisseur. Ce qui le prouve, c'est qu'il n'est maintenu qu'au prix de sacrifices que son titre ne lui imposait pas. S'il est dispensé de transcrire, c'est une faveur de la loi, qui a voulu lui épargner des frais inutiles; mais cela n'implique rien quant à la translation de propriété. — On ajoute que toute surenchère a pour effet de déposséder l'adjudicataire définitif des droits qu'il pouvait avoir sur l'immeuble par suite de son enchère. Le second alinéa de l'article 705 du Code de procédure civile dit en effet que « l'enchérisseur cesse d'être obligé si son enchère est couverte par une autre, lors même que cette der-

nière serait déclarée nulle ». Or, d'après l'article 838 du même Code, l'article 705 est applicable à la surenchère en cas de purge. D'autre part, l'article 2187 du Code civil renvoie aux principes établis pour les expropriations forcées, par conséquent à l'article 705 comme aux autres. Il en résulte qu'il n'y a de prix fixé que dans le cas où il n'existe pas de surenchère; et comme il ne peut pas y avoir de vente valable sans prix, il s'en suit que l'effet de la surenchère est de déposséder, même en matière d'aliénations volontaires, le tiers acquéreur du jour même de la réquisition.

Tels sont les arguments invoqués par ceux qui pensent que le droit de suite du créancier est éteint par l'exercice de la surenchère, et que par suite l'immeuble doit être rapporté en nature. Il est vrai que ce système force le donataire à couvrir la surenchère; mais on fait observer qu'il est en faute d'avoir consenti une hypothèque, alors que l'obligation du rapport planait sur sa tête.

112 *ter*. D'après le second système, qui nous a été enseigné au cours (1), le créancier inscrit conserve son droit de suite intact, malgré la surenchère par lui portée : la première vente n'est pas résolue par la réquisition de mise aux enchères, et l'immeuble doit être rapporté en moins prenant.

Je dis que la première vente reste debout malgré la réquisition de mise aux enchères. La réquisition, lorsqu'elle est suivie d'une adjudication au profit d'un tiers, autre que le détenteur, soumet, il est vrai, la vente déjà faite à une condition résolutoire. Mais cette condition ne suspend pas l'exercice de la propriété, résultant pour l'acquéreur de la force du contrat (art. 1183). La résolution n'en est opérée que par l'adjudication elle-même, et seulement du jour de cette adjudication. En effet, l'article 2187 conserve à l'acquéreur la qualification de « nouveau propriétaire », même après la réquisition de mise aux enchères : il n'a donc encore subi aucune déchéance. De même l'article 2190 *in fine* nous apprend que si tous les créanciers hypothécaires s'entendent pour se désister de la réquisition de mise aux enchères, la propriété reste au tiers acquéreur; la réquisition seule n'avait donc pas suffi pour le dépouiller de sa propriété.

(1) M. Daniel de Folleville, *Cours de* 1871-72.

Mais il y a plus. Lorsque c'est le tiers acquéreur lui-même qui s'est porté adjudicataire de l'immeuble, le contrat primitif n'est même pas résolu par l'adjudication. La preuve se trouve dans l'article 2189, d'après lequel « l'acquéreur qui conserve l'immeuble mis aux enchères, en se rendant dernier enchérisseur, n'est pas tenu de faire transcrire le jugement d'adjudication ». Ainsi le tiers acquéreur est maintenu dans sa propriété, sans être tenu de transcrire. Ce n'est donc pas l'adjudication qui le rend propriétaire ; elle ne fait que confirmer et consolider son droit de propriété, qui doit être toujours considéré comme dérivant de son titre d'acquisition. Cela est si vrai que l'article 2191 lui accorde un recours en garantie contre son vendeur, pour le remboursement de ce qu'il a payé au delà du prix stipulé par son titre.

Quant à l'article 705 du Code de procédure civile, que l'on invoque à l'appui du premier système, il n'a trait qu'aux enchères portées pendant le cours de la mise en adjudication de l'immeuble saisi. Or, ces enchères ne constituent que de simples offres, qui n'engagent qu'au moment où, à défaut d'offres supérieures, elles sont acceptées et suivies d'une adjudication au profit du surenchérisseur. On ne peut donc invoquer l'article 705, et en tirer argument en matière de surenchère faite après les notifications de l'acquéreur sur vente volontaire, puisqu'elle engage dès à présent le créancier surenchérisseur (art. 2185-2°).

Remarquons enfin que le donataire ne pourrait rapporter l'immeuble en nature qu'en couvrant la surenchère ; or, aucun principe ne nous autorise à lui imposer cette obligation. Nous croyons donc qu'il pourra faire le rapport en moins prenant.

SECTION IV.

De la purge des hypothèques légales dispensées d'inscription et non-inscrites.

113. Nous avons, dans la section III, étudié la purge ordinaire, c'est-à-dire la procédure employée pour purger les

hypothèques inscrites. Mais les hypothèques des femmes, des mineurs et des interdits existent indépendamment de toute inscription. Il fallait donc créer à leur égard une procédure toute spéciale.

Cette purge spéciale s'applique aux hypothèques légales dispensées d'inscription et non inscrites. Je dis non inscrites, parce que dans le cas où les hypothèques légales, quoique dispensées d'inscription, auraient été inscrites, l'acquéreur qui veut en opérer la purge, doit suivre la procédure ordinaire indiquée par le chapitre [illegible].

114. En dehors de cette hypothèse toute particulière, les formalités à remplir pour arriver à la purge des hypothèques légales non inscrites, sont réglées par les articles 2193 à 2195. Ces formalités sont d'ailleurs, ainsi que nous avons déjà eu l'occasion de le dire, à peu près identiques à celles de l'édit de 1771. Elles ont principalement pour but de mettre les personnes auxquelles ces hypothèques appartiennent, en demeure de les faire inscrire dans un certain délai, sous peine de déchéance du droit de suite.

115. Ceci dit, nous abordons immédiatement l'étude de la purge légale, et nous nous posons les trois questions suivantes :

1° Quelles sont les formalités à remplir par le tiers détenteur qui veut purger?

2° Que doivent faire les femmes, les mineurs et les interdits pour répondre à la provocation du détenteur qui veut purger?

3° Quels sont les effets attachés à l'accomplissement des diverses formalités prescrites par les articles 2193 et suivants?

§ 1er.

116. Nous nous demandons d'abord quelles sont les formalités que doit remplir le tiers acquéreur pour purger les hypothèques légales non inscrites, qui peuvent exister sur son immeuble. La réponse à cette question se trouve dans les articles 2193 et 2194.

« Pourront, dit l'article 2193, les acquéreurs d'immeubles

appartenant à des maris ou à des tuteurs, lorsqu'il n'existera pas d'inscription sur lesdits immeubles à raison de la gestion du tuteur, ou des dots, reprises et conventions matrimoniales de la femme, purger les hypothèques qui existeraient sur les biens par eux acquis. »

117. Comme première formalité, le tiers acquéreur doit déposer au greffe son contrat translatif de propriété; puis il doit signifier tant à la femme ou au subrogé tuteur du mineur, qu'au procureur de la République près le tribunal de la situation des biens, l'acte de dépôt dressé par le greffier (art. 2194).

C'est à la femme et non à la personne du mari que la signification doit être faite; car le mari se trouve ici en opposition d'intérêts avec la femme; il pourrait ne pas prendre inscription, afin d'éviter une surenchère, qui l'exposerait à un recours de la part de son acquéreur évincé. Par les mêmes raisons, lorsqu'il s'agit de l'hypothèque légale du mineur, on exige que la signification soit faite au subrogé tuteur, et non pas au tuteur. Enfin, la signification doit être faite au procureur de la République, à qui la loi a confié le soin de protéger ces incapables.

118. Il arrive souvent que le tiers acquéreur d'un immeuble appartenant à un mari ou à un tuteur, ignore la qualité de son vendeur, et ne connaisse pas la femme ou le subrogé tuteur; cet immeuble peut même être grevé d'hypothèques occultes du chef des femmes des vendeurs précédents. De là une impossibilité matérielle et évidente pour le tiers détenteur de se conformer aux prescriptions de l'article 2194. La difficulté a été prévue par un avis du Conseil d'État des 9 mai-1er juin 1807. D'après cet avis, « lorsque, soit la femme ou ceux qui la représentent, soit le subrogé tuteur, ne sont pas connus de l'acquéreur, il est nécessaire et il suffit, pour remplacer la signification qui doit leur être faite aux termes de l'article 2194, que dans la signification à faire au procureur de la République, l'acquéreur déclare que, ceux du chef desquels il pourrait être formé des inscriptions pour raison d'hypothèques légales existant indépendamment de l'inscription, n'étant pas connus, il fera publier la susdite signification dans les formes prescrites par l'article 683 du Code de procédure civile (ancien texte), ou que, s'il n'y avait

pas de journal dans le département, l'acquéreur se fasse délivrer par le procureur de la République un certificat portant qu'il n'en existe pas... »

Mais, pour que l'avis du Conseil d'État trouve son application, il faut que le tiers détenteur ignore réellement la résidence de la femme ou du subrogé tuteur, et qu'il lui soit impossible de parvenir à découvrir ces personnes. S'il n'y avait de sa part qu'une ignorance simulée pour se dispenser d'accomplir la formalité de la signification du dépôt, la purge n'aurait pas lieu.

119. Bien que, suivant l'avis précité, l'insertion dans les journaux puisse remplacer la signification prescrite par l'article 2194, toutes les fois que le subrogé tuteur *n'est pas connu* du tiers détenteur, si cependant celui-ci connaissait l'existence du mineur, il devrait faire les plus grandes diligences pour arriver à découvrir son subrogé tuteur, et, dans le cas où le mineur n'en aurait pas, lui en faire nommer un, afin de pouvoir lui adresser la notification individuelle de l'article 2174 (1).

120. Après le dépôt et la signification du dépôt, la loi exige, comme troisième et dernière formalité, qu'un extrait du contrat, contenant la date, les noms, prénoms, professions et domiciles des contractants, la désignation de la nature et de la situation des biens, le prix et les autres charges de la vente, reste affiché pendant deux mois dans l'auditoire du tribunal ; pendant lequel temps, les femmes, les maris, tuteurs, subrogés tuteurs, mineurs, interdits, parents ou amis, et le procureur de la République, sont reçus à requérir s'il y a lieu, et à faire faire au bureau du conservateur des hypothèques, des inscriptions sur l'immeuble aliéné, qui auront le même effet que si elles avaient été prises le jour du contrat de mariage, ou le jour de l'entrée en gestion du tuteur ; sans préjudice des poursuites qui pourraient avoir lieu contre les maris et les tuteurs, pour hypothèques par eux consenties au profit de tierces personnes sans leur avoir déclaré que les immeubles étaient déjà grevés d'hypothèques, en raison du mariage ou de la tutelle (art. 2194).

121. La doctrine et la jurisprudence sont d'accord pour

(1) Aubry et Rau, t. III, § 295, texte et note 7 ; — Pont, n° 1111.

décider que l'omission de l'une des indications que doit contenir l'extrait du contrat, entraîne la nullité de la procédure à fins de purge, ou la laisse subsister, suivant que cette omission porte ou non sur une indication substantielle ; et l'on entend ici par indication substantielle, toute indication sans laquelle les créanciers mis en demeure ne pourraient pas se déterminer sur le point de savoir s'ils ont ou non intérêt à répondre à la provocation de l'acquéreur, et à inscrire leurs hypothèques. C'est ainsi que la Cour de Lyon a prononcé la nullité de la procédure dans une espèce, où l'extrait affiché ne contenait pas la désignation de la nature de l'immeuble (1).

§ 2.

122. Que doivent faire les femmes, les mineurs et les interdits pour répondre à l'appel qui leur est adressé par le tiers détenteur ? Ils doivent, dit l'article 2195, inscrire leurs hypothèques légales dans le délai de deux mois. Le même article ajoute que ce délai court à partir du jour de l'exposition du contrat au greffe et de l'affiche dans l'auditoire du tribunal. Dans l'hypothèse prévue par l'avis du Conseil d'État des 9 mai-1er juin 1807, c'est-à-dire lorsque le tiers acquéreur, ignorant l'existence de la femme ou du subrogé tuteur, supplée au défaut de notification individuelle par l'insertion dans les journaux du département, le délai de deux mois ne doit courir que du jour de cette publication, ou du jour de la délivrance du certificat du procureur de la République, portant qu'il n'existe pas de journal dans le département.

123. On s'est demandé si le délai de deux mois, accordé aux créanciers à hypothèques légales pour s'inscrire, était susceptible d'augmentation à raison des distances, et l'on a soutenu l'affirmative. Tout nous engage, au contraire, à repousser cette solution. D'abord les termes précis et absolus de l'article 2195 : « Si, dans le cours des deux mois de l'exposition du contrat, il n'a pas été fait d'inscription du chef des

(1) Lyon, 10 nov. 1850.

femmes, mineurs ou interdits, sur les immeubles vendus... » On ne saurait d'ailleurs invoquer ici l'article 1033 du Code de procédure civile ; car cet article ne parle d'augmentation que pour les délais qui courent à partir des ajournements, citations, sommations et *autres actes faits à personne ou domicile;* or, telle n'est pas l'hypothèse prévue par l'article 2195, qui fait courir le délai de deux mois à partir du jour de l'exposition du contrat au greffe et de l'affiche dans l'auditoire du tribunal. Enfin, il est bien évident que si l'intention du législateur avait été celle que lui prête l'opinion adverse, il n'aurait pas manqué de s'en expliquer d'une manière formelle, comme il l'avait fait dans l'article 2185, relatif au délai de la surenchère (1).

124. Bien que la loi ne le dise pas, les femmes, les mineurs et les interdits ou leurs représentants, qui ont inscrit leurs hypothèques, conformément aux prescriptions de l'article 2195, ont le droit de surenchérir, s'ils pensent que le prix moyennant lequel le tuteur ou le mari a aliéné l'immeuble est inférieur à sa valeur réelle. On n'aurait, en effet, aucun motif pour refuser aux titulaires d'hypothèques légales, ce que l'on accorde aux autres créanciers hypothécaires. Cela ne fait pas difficulté.

125. Mais dans quel délai la surenchère doit-elle être portée ? Est-ce dans les deux mois dont parle l'article 2194, ou bien ce délai est-il accordé aux créanciers incapables seulement pour se faire connaître par des inscriptions ? On a soutenu que la procédure organisée dans les articles 2193 et 2194, a pour but unique de faire apparaître les inscriptions des incapables, et qu'une fois ces inscriptions prises, il faut procéder à leur égard conformément aux articles 2183 et suivants ; c'est-à-dire faire des notifications individuelles et faire courir ainsi un nouveau délai de quarante jours, pendant lequel les créanciers incapables ou leurs représentants surenchériront s'ils le jugent convenable.

L'opinion contraire est défendue par M. Pont (2), qui pense que le délai de deux mois est unique, et qu'il est le seul accordé par la loi aux femmes, aux mineurs et aux interdits,

(1) Pont, n° 1317.
(2) *Idem*, n° 1419 ; — Troplong, IV, nos 921, 982, 995.

pour prendre inscription et pour surenchérir. « En effet, dit ce savant magistrat, deux chapitres séparés et distincts tracent les formalités de la purge des hypothèques : l'un n'a trait qu'aux hypothèques ordinaires soumises à la formalité de l'inscription; l'autre s'occupe spécialement de la purge des hypothèques légales. Mais ces deux procédures parallèles se suffisent à elles-mêmes, et n'ont rien à emprunter l'une à l'autre. Or, en l'absence de toute disposition légale, qui, dans ce dernier chapitre, fixe un délai spécial pour la surenchère, c'est arbitrairement qu'on ouvrirait à la femme, au mineur ou à l'interdit, pour surenchérir, un délai autre que celui qui leur est imparti pour prendre inscription. » — De plus, les formalités de la purge des hypothèques légales ont été empruntées à l'édit de 1771. Or, sous l'empire de cet édit, les deux mois étaient un délai accordé aux créanciers, non-seulement pour se faire connaître en inscrivant leurs hypothèques, mais encore pour former la surenchère, s'il y avait lieu.

Le système de M. Pont soulève deux objections fort graves, à mon avis. D'abord il suppose que l'acquéreur, qui fait la purge légale, entend offrir son prix et mettre les créanciers à hypothèques légales en demeure de porter la surenchère. Or telle n'est pas l'intention de l'acquéreur qui remplit les formalités des articles 2193 et 2194 : son but est simplement de s'assurer s'il y a des hypothèques légales qui grèvent son immeuble : il veut connaître sa vraie situation ; mais il ne demande nullement à offrir un prix et à mettre les créanciers hypothécaires en demeure de porter la surenchère. — En second lieu, on fait observer que pour mettre un créancier hypothécaire en demeure de porter une surenchère, il faut lui procurer tous les éléments nécessaires pour l'éclairer sur le parti qu'il lui conviendra de prendre ; il faut qu'il puisse se déterminer en parfaite connaissance de cause, soit à accepter le prix offert, soit, au contraire, à surenchérir. Aussi l'article 2183 exige-t-il qu'on lui signifie un tableau sur trois colonnes, qui doit lui montrer nettement la situation hypothécaire de l'immeuble. Or, l'article 2194 n'impose aucune condition semblable à l'acquéreur : les créanciers à hypothèques légales ne sont donc point, dans les deux mois, éclairés sur la position réelle. Comment veut ou qu'ils soient, dès ce moment, constitués en demeure de porter la surenchère (1) ?

Certains auteurs, pour se tirer d'embarras, prétendent que si l'article 2195 ne se préoccupe point des délais de la surenchère, c'est que la surenchère ne peut jamais être portée par les créanciers à hypothèque légale, à raison même de l'indétermination des créances. C'est là une profonde erreur. Le droit de surenchère est, en effet, une prérogative attachée à toutes les hypothèques indistinctement : il faut donc l'accorder aux hypothèques légales, les plus favorisées de toutes. Quant à l'indétermination des créances, ce n'est pas un obstacle sérieux ; car ces créances peuvent être estimées, et l'article 2195 suppose même que le prix en est fixé.

Je crois donc que l'on doit s'attacher de préférence au premier système, et décider que les formalités prescrites par le chapitre IX doivent être complétées par les formalités des articles 2183 et suivants. D'ailleurs, la pratique évite toutes ces difficultés en faisant les deux purges en même temps.

§ 3.

126. Quels sont les effets attachés à l'accomplissement des diverses formalités prescrites par les articles 2193 et suivants ?

Pour répondre à cette question, il convient d'examiner deux hypothèses : ou bien l'inscription n'est pas prise dans le délai des deux mois fixé par l'article 2195 ; ou bien, au contraire, il est pris inscription.

127. Première hypothèse. Aucune inscription n'est prise dans le délai fixé. — C'est le cas prévu par l'article 2195, premier alinéa : « Si, dans le cours des deux mois de l'exposition du contrat, il n'a pas été fait d'inscription du chef des femmes, mineurs ou interdits, sur les immeubles vendus, ils passent à l'acquéreur sans aucune charge, à raison des dot, reprises et conventions matrimoniales de la femme, ou de la gestion du tuteur, et sauf le recours, s'il y a lieu, contre le mari et le tuteur. »

(1) M. Daniel de Folleville, *Cours de* 1871-72.

Ainsi, par le défaut d'inscription dans le délai fixé, l'hypothèque légale est immédiatement purgée ; et ici la libération de l'immeuble se produit avec un caractère tout particulier. Dans la purge ordinaire, en effet, l'acquéreur ne voit son immeuble libéré qu'au moment du paiement ou de la consignation du prix offert ; la purge elle-même n'est qu'un acheminement vers l'affranchissement de l'immeuble. Ici, au contraire, dans le cas de l'article 2195, premier alinéa, l'acquéreur purge les hypothèques légales qui grèvent son immeuble sans bourse délier : la purge légale est par elle-même, extinctive de l'hypothèque, sans qu'il soit nécessaire qu'aucun paiement intervienne de la part de l'acquéreur.

128. L'hypothèque étant ainsi purgée, le droit de suite contre le tiers acquéreur est incontestablement perdu ; mais en est-il de même du droit de préférence ? Et dans le cas où un ordre s'ouvrirait sur cet immeuble, les femmes, les mineurs et les interdits, qui ont perdu le droit de suite et le droit de surenchère, peuvent-ils néanmoins exercer leur droit de préférence à l'encontre des autres créanciers ? Cette question a soulevé pendant longtemps de graves dissidences entre les Cours d'appel et la Cour de cassation.

Les Cours d'appel soutenaient que la perte du droit de suite n'entraînait pas ici la perte du droit de préférence. — La règle, disait-on, c'est que l'hypothèque légale des femmes, des mineurs et des interdits existe indépendamment de toute inscription (art. 2135). L'article 2195, il est vrai, prévoit un cas où l'hypothèque légale est soumise à la nécessité de l'inscription, *mais seulement dans l'intérêt de l'acquéreur ;* donc à l'égard des créanciers, on reste dans le droit commun, et l'hypothèque légale peut toujours s'exercer indépendamment de toute inscription.

La Cour de cassation répondait : Sans doute, en principe, les hypothèques légales des mineurs, des interdits et des femmes mariées sont dispensées d'inscription (art. 2135) ; mais un moment peut venir où la nécessité de l'inscription leur soit imposée : c'est précisément le cas de l'article 2195. Dès lors, si ces hypothèques ne sont pas inscrites, les conséquences du défaut d'inscription doivent se produire *erga omnes ;* aussi, l'article 2195 dit-il qu'en ce cas l'immeuble « passe à l'acquéreur sans aucune charge. » Or si l'immeuble est affranchi de toute charge, c'est évidemment que l'hypothèque n'existe plus ; et si l'hypothèque n'existe plus, elle ne peut produire ni le droit de suite, — ce que tout le monde reconnaît, — ni même le droit de préférence.

La question n'a plus aujourd'hui qu'un intérêt purement historique; elle a été législativement tranchée par l'article 772 du Code de procédure, modifié par la loi du 21 mai 1858. « Les créanciers d'hypothèques légales qui n'ont pas fait inscrire leurs hypothèques dans le délai fixé par l'article 2195 du Code civil, ne peuvent exercer le droit de préférence sur le prix qu'autant qu'un ordre est ouvert dans les trois mois qui suivent l'expiration de ce délai et sous les conditions déterminées par la dernière disposition de l'article 717. » Ainsi, aujourd'hui le droit de préférence survit encore au droit de suite, mais seulement sous la double condition que voici : 1° il faut qu'un ordre s'ouvre sur l'immeuble dans les trois mois de l'expiration du délai fixé par l'article 2195 ; 2° il faut que les créanciers à hypothèques légales non inscrites se présentent, pour obtenir collocation, avant la clôture de l'ordre.

129. Deuxième hypothèse. L'hypothèque légale a été inscrite dans le délai des deux mois de l'article 2194. — Aux termes de l'article 2194, les inscriptions prises dans ce délai ont le même effet que si elles avaient été prises le jour du contrat de mariage, ou le jour de l'entrée en gestion du tuteur. Ces expressions sont inexactes. Ce n'est pas à la date de l'entrée en gestion que remonte l'inscription, en ce qui concerne le mineur ou l'interdit, mais au jour de l'acceptation de la tutelle, car c'est à partir de ce jour que commence la responsabilité du tuteur (art. 2135). Quant à la femme mariée, les hypothèques qui garantissent ses divers droits et créances contre le mari ne remontent en aucun cas au jour du contrat de mariage. Les inscriptions remontent à la date qui leur est assignée par l'article 2135, suivant les distinctions qui s'y trouvent indiquées, c'est-à-dire, pour sûreté de la dot et des conventions matrimoniales, au jour du mariage ; pour les sommes dotales qui proviennent de successions échues à la femme, ou de donations à elle faites pendant le mariage, au jour de l'ouverture des successions, ou

au jour que les donations ont eu leur effet; pour l'indemnité des dettes qu'elle a contractées avec son mari, et pour le remploi de ses propres aliénés, au jour de l'obligation ou de la vente.

130. Ceci posé, il peut arriver une de ces deux choses : ou bien les créanciers à hypothèques légales sont primés par des créanciers antérieurs; ou bien, au contraire, ils sont premiers en rang.

131. Dans le cas où les créanciers à hypothèques légales sont primés par des créanciers antérieurs, qui absorbent le prix en totalité ou en partie, l'acquéreur est libéré du prix ou de la portion du prix par lui payée aux créanciers placés en ordre utile (art. 2195, alin. 2). Si le prix est tout entier absorbé par ces créanciers, les hypothèques légales sont rayées en totalité. Si une partie seulement du prix est absorbée, les hypothèques légales ne sont rayées que jusqu'à due concurrence, et tout se passe, quant à l'excédant, comme dans le second cas dont nous allons parler.

132. Si les créanciers à hypothèques légales sont premiers en rang, l'acquéreur ne peut faire aucun paiement du prix à leur préjudice (art. 2195, alin. 3). Ainsi, la purge n'a lieu qu'autant que l'acquéreur s'arrange de manière à éteindre jusqu'à due concurrence les créances dont il est question.

133. Mais quel est au juste le sens de ces expressions de l'article 2195, alin. 3, «l'acquéreur ne pourra faire aucun paiement du prix au préjudice desdites inscriptions» ? Elles signifient, dit M. Troplong (1), que l'acquéreur étant prévenu qu'il existe des hypothèques légales, ne peut plus purger son immeuble qu'en prenant les mesures nécessaires pour que le prix soit employé à désintéresser la femme ou le mineur. Il ne pourra donc pas vider ses mains dans celles du mari ou du tuteur. Mais ce n'est pas à dire pour cela qu'il doive retenir le prix jusqu'au jour où il pourra utilement payer les créanciers que ce prix doit désintéresser. Sans doute il pourra être convenu dans l'ordre, que les fonds resteront entre les mains de l'acquéreur; mais rien ne s'oppose à ce qu'il les dépose à la Caisse des dépôts et consignations. Un arrêt de la Cour de cassation du 24 juillet 1821 permet

(1) Troplong, t. IV, n° 993.

même le versement des fonds entre les mains des créanciers postérieurs, à charge par eux de fournir une caution ou de sûretés suffisantes pour la restitution éventuelle, lors de la reddition des comptes de tutelle, ou à la dissolution du mariage.

134. Terminons par une remarque sur le dernier paragraphe de l'article 2198, ainsi conçu : « Les inscriptions des autres créanciers qui ne viennent pas en ordre utile seront rayées ». Cela est vrai, lorsque les créances garanties par une hypothèque légale sont certaines et actuellement déterminées. Mais si ces créances sont indéterminées ou éventuelles, les créanciers postérieurs pourront faire maintenir leurs inscriptions jusqu'à la liquidation des droits garantis par l'hypothèque légale. Il pourra se faire, en effet, qu'il ne soit rien dû à la femme, au mineur ou à l'interdit, ou tout au moins qu'il reste un excédant après leur collocation, lors de la dissolution du mariage ou de la cessation de la tutelle, auquel cas les inscriptions ne seront pas inutiles. En conséquence, tant que les droits des incapables n'auront pas été liquidés, le détenteur pourra garder le prix ou le consigner; et, si l'on suit la jurisprudence de la Cour de cassation, ce prix pourra être attribué provisoirement aux créanciers postérieurs, moyennant bonne et suffisante caution pour le cas de restitution.

SECTION V.

Des aliénations qui emportent par elles-mêmes et de plein droit la purge des privilèges et des hypothèques.

135. La purge, nous l'avons dit en commençant, n'est qu'un acheminement à l'affranchissement de l'immeuble hypothéqué ; elle consiste dans un ensemble de formalités qui ont pour but de faire connaître la valeur réelle de cet immeuble ; elle devient donc sans objet, toutes les fois que cet effet résulte de la nature même de l'aliénation.

136. Tel est le cas d'expropriation pour cause d'utilité publique. Le jugement d'expropriation purge *ipso jure* les

priviléges et hypothèques des créanciers, et convertit leur droit sur l'immeuble en un droit de préférence sur l'indemnité d'expropriation (art. 17 L. 3 mai 1841).

Est-ce à dire pourtant que si le propriétaire accepte une indemnité insuffisante, il pourra compromettre ainsi le droit des créanciers hypothécaires ? Non certainement : les créanciers hypothécaires ont le droit d'exiger que l'indemnité soit fixée par le jury d'expropriation, alors même que le propriétaire et l'administration auraient traité à l'amiable (art. 17 L. 3 mai 1841).

137. On sait que, sous l'empire des articles 834 et 835 du Code de procédure civile, dans le cas d'aliénation d'un immeuble hypothéqué, les créanciers à hypothèques non inscrites pouvaient encore s'inscrire utilement dans la quinzaine de la transcription de l'acte d'aliénation. Conformément à ce système, l'article 76 de la loi du 3 mai 1841 met les créanciers à priviléges ou hypothèques soit légales, soit conventionnelles, soit judiciaires, en demeure de s'inscrire dans la quinzaine de la transcription du jugement d'expropriation.

Depuis la loi du 23 mars 1855, c'est la transcription même de l'acte qui détermine l'instant à partir duquel l'inscription ne peut plus être utilement prise. L'article 17 de la loi du 3 mai 1841 a donc été modifié nécessairement en ce sens, du moins en ce qui concerne les hypothèques judiciaires ou conventionnelles ; elles sont réputées non avenues, si elles n'ont pas été inscrites avant la transcription du jugement d'adjudication.

Mais l'article 17 est maintenu en ce qui concerne les hypothèques légales des femmes mariées, mineurs et interdits. A partir de la transcription du jugement d'adjudication, ces différentes personnes sont mises en demeure d'inscrire leurs hypothèques dans le délai de quinzaine. A défaut d'inscription dans ce délai, les hypothèques sont purgées sur l'immeuble ; mais les créanciers conservent leur droit de préférence sur le montant de l'indemnité, tant que cette indemnité n'a pas été payée.

138. Il n'y a pas lieu non plus à la purge dans le cas de vente sur saisie immobilière. Cela résulte à la fois des textes et des principes. L'article 717, dernier alinéa du Code de pro-

cédure civile, qui traite de la saisie immobilière, dit en termes formels : « Le jugement d'adjudication dûment transcrit, purge toutes les hypothèques, et les créanciers n'ont plus d'action que sur le prix ». Voici d'ailleurs en quels termes M. Mourlon (1) justifie cette décision de la loi : « Les créanciers inscrits sur l'immeuble saisi sont, peu après la saisie, interpellés et mis en demeure d'y intervenir pour la sauvegarde de leurs droits. Le saisissant commet-il quelque erreur : ils la relèvent. Entrave-t-il, par sa négligence, la marche de la saisie : ils le remplacent. L'annonce de la mise en vente est-elle défectueuse ou insuffisante : ils y remédient par des annonces supplémentaires. Craignent-ils que leur gage ne soit point porté à sa véritable valeur : ils cherchent et appellent des enchérisseurs : au besoin ils enchérissent eux-mêmes. Dès lors, quoi de plus juste qu'une aliénation préparée par leurs soins et consommée sous leurs yeux soit stable et définitive même à leur égard ? Il serait dérisoire de leur réserver un droit de surenchère, alors qu'ils ont eu les délais les plus longs et les moyens les plus efficaces pour faire monter à sa plus haute valeur le prix de leur gage. Aussi a-t-on toujours admis qu'en ce qui touche les créanciers *inscrits*, l'adjudication opérait par elle-même et de plein droit, la purge des hypothèques. »

Quant aux hypothèques légales non inscrites, la question de savoir si elles sont purgées par le jugement d'adjudication était autrefois très-controversée. La loi du 21 mai 1858 (art. 717 C. pr. civ.) a tranché la difficulté, en décidant que l'expropriation forcée purge toutes les hypothèques sans distinction.

139. La purge n'est pas nécessaire, toujours par les mêmes motifs, lorsque l'immeuble d'un failli a été adjugé sur les poursuites des syndics, et que cette adjudication a été suivie de la surenchère du dixième établie par l'article 573 du Code de commerce. L'article 573 nous dit en effet : « Cette adjudication demeurera définitive et ne pourra être suivie d'aucune autre surenchère. »

140. Mais en est-il de même lorsque l'adjudication prononcée sur les poursuites des syndics d'une faillite n'a pas été suivie de la surenchère du dixième établi par l'article

(1) Mourlon, *Répétit. écr.*, t. III, n° 1721.

573 ? Je prends une espèce. Pierre est tombé en faillite : ses créanciers ne lui ont pas accordé de concordat, et après l'union, les syndics ont procédé à la vente de l'un de ses immeubles : aucune surenchère n'a été portée dans la quinzaine (art. 573 C. com.). Je demande si le droit de suite des créanciers inscrits sur l'immeuble du chef du failli est arrêté immédiatement et de plein droit, si, en un mot, les hypothèques sont purgées ?

140 *bis*. Pour soutenir l'affirmative, on invoque les termes limitatifs de l'article 573 : « La surenchère, après adjudication des immeubles du failli sur la poursuite des syndics, *n'aura lieu* qu'aux conditions et dans les formes suivantes : la surenchère devra être faite dans la quinzaine, etc. » Donc, dit-on, le droit de surenchère organisé par l'article 573 du Code de commerce est exclusif du droit de surenchère organisé par l'article 2185 du Code civil.

D'ailleurs, ajoute-t-on, l'adjudication est prononcée sur la poursuite des syndics définitifs (art. 534 C. com.). Or les syndics représentent la masse des créanciers (art. 532 C. com.). Donc les créanciers hypothécaires sont, comme tous les autres, parties au contrat d'adjudication, puisqu'il est de principe dans notre droit, que nous sommes réputés accomplir nous-mêmes et en personne les actes que notre mandataire fait pour nous et en notre nom. Or, il est certain que le créancier qui fait vendre en justice son gage hypothécaire, ne conserve plus, après la vente conclue, son droit de suite ou de surenchère : ce droit est épuisé ; et l'acquéreur n'est point forcé de lui faire des notifications à fins de purge. Il doit donc en être de même de l'adjudication faite à la requête des syndics, qui représentent la masse des créanciers. — La preuve que les syndics représentent aussi bien la masse des créanciers que le failli lui-même, lors de l'aliénation, se trouve dans l'article 572 du Code de commerce, qui retire aux créanciers le droit d'agir directement. Elle se trouve aussi dans l'article 536 du même Code qui ordonne aux syndics de rendre des comptes aux créanciers. Enfin dans l'article 532 qui dit formellement : « Les syndics représentent la masse des créanciers et sont chargés de procéder à la liquidation. » Le mandat judiciaire dont les syndics sont investis est donc incontestable.

On fait ensuite observer qu'il s'attache aux faillites une notoriété de fait qui équivaut au moins aux notifications usitées en matière de saisie immobilière; d'où l'on conclut à l'inutilité de ces notifications. Les créanciers ont nommé les syndics; ils se sont constitués en état d'union; ils ont été, en un mot, plus ou moins mêlés à la faillite : ils ont donc été suffisamment avertis. — Enfin l'esprit de la loi en matière de faillite est de diminuer le plus possible les frais, qui appauvrissent toujours le gage des créanciers; aussi l'article 573 du Code de commerce garde-t-il le silence au sujet de la notification, et s'abstient-il de l'exiger.

140 *ter*. Le système que nous venons d'exposer est celui qui a été adopté à différentes reprises par la Cour de cassation (1). Néanmoins, nous préférons nous rallier à un deuxième système, qui peut se formuler de la manière suivante : Si l'adjudication prononcée sur les poursuites des syndics d'une faillite n'a pas été suivie de la surenchère du dixième, établie par l'article 573, l'adjudicataire, devra pour affranchir son immeuble des privilèges et hypothèques, recourir aux formalités de la purge des articles 2181 et suivants du Code civil. Voici d'ailleurs les arguments sur lesquels on peut baser ce système qui nous a été enseigné au cours (2).

La vente des immeubles d'un failli se fait suivant les formes auxquelles sont assujetties les ventes de biens de mineurs (art. 572). Or, dans ces sortes de ventes, aucune notification spéciale n'est adressée aux créanciers inscrits; en telle sorte que l'adjudication pourra se faire, et le délai pour la surenchère s'écouler à l'insu de ces créanciers, surtout s'ils sont éloignés. Il n'y a donc aucune assimilation à faire entre ces ventes et les ventes sur expropriation forcée; dès lors elles ne peuvent pas purger de plein droit les privilèges et hypothèques.

On nous objecte que l'article 573 du Code de commerce ayant introduit une surenchère spéciale pour les ventes d'immeubles d'un failli, il est inutile de recourir à la surenchère de l'article 2185 du Code civil. Mais on répond à cette objec-

(1) Cass., 3 août 1864; 8 avril et 13 août 1867.
(2) M. Daniel de Folleville, *Cours de* 1871-72.

tion en faisant remarquer que l'article 573 accorde la faculté de surenchérir à *tous les créanciers* indistinctement : or, cette extension ne saurait enlever le droit spécial qui appartient aux seuls créanciers hypothécaires inscrits de surenchérir dans le délai de quarante jours de l'article 2185. Pour enlever aux créanciers inscrits cette prérogative toute spéciale de ne voir purger leurs hypothèques qu'après avoir été mis en demeure de les faire valoir par des notifications personnelles, il faudrait un texte : or ce texte n'existe nulle part.

Vainement on nous oppose l'article 532 et l'on nous dit que les syndics représentant la masse des créanciers, ceux-ci sont parties au contrat d'adjudication ; car s'ils représentent la masse des créanciers chirographaires, il est bien évident qu'ils ne peuvent pas représenter les créanciers hypothécaires, dont les intérêts sont en opposition avec ceux de la masse.

Quant à l'argument tiré des termes limitatifs de l'article 573, il est facile de l'annuler au moyen d'un autre argument bien autrement concluant tiré de ce même article, dont le dernier alinéa est ainsi conçu : « Toute personne sera également admise à concourir à l'adjudication par suite de surenchère. Cette adjudication demeurera définitive et ne pourra être suivie d'*aucune autre surenchère* ». L'article 573 *in fine* établit donc que la réadjudication faite après une surenchère portée dans la quinzaine, demeurera définitive et ne pourra être suivie d'une nouvelle surenchère, en vertu du principe : « Surenchère sur surenchère ne vaut. » Donc *a contrario*, à défaut de surenchère dans la quinzaine, l'adjudication n'est aucunement exclusive de la surenchère du droit commun.

Ce qui nous confirme dans cette opinion, c'est qu'au titre de la vente des biens de mineurs, à laquelle l'article 572 du Code de commerce assimile, quant aux formes à suivre, la vente des immeubles du failli, l'article 965 du Code de procédure contient une disposition semblable à celle de l'article 573 du Code de commerce. Or, on n'a jamais osé soutenir que le défaut de surenchère du sixième, dans les huit jours de l'adjudication, affranchissait l'acquéreur de l'obligation de notifier, et privait les créanciers inscrits du droit de surenchérir du dixième, conformément à l'article 2185 du Code civil. Pourquoi en serait-il autrement dans l'hypothèse qui nous occupe?

Enfin le système que nous combattons expose les créanciers hypothécaires à une perte presque certaine. J'admets que la vente ait été affichée et publiée par la voie des journaux; il n'en est pas moins vrai que ce mode de publicité est bien moins sûr que les notifications individuelles de l'article 2183. Les créanciers, surtout les créanciers éloignés, n'étant pas prévenus directement de la vente, ont pu l'ignorer. Ce danger très-grave pour les créanciers hypothécaires, créanciers personnels du failli, est encore bien plus à redouter pour les créanciers hypothécaires, qui ont contracté avec les précédents propriétaires, et vis-à-vis desquels le failli n'est que tiers détenteur. Ces créanciers sont naturellement demeurés étrangers à la personne du détenteur, ils ignorent sa faillite et par suite la vente de l'immeuble hypothéqué à leurs créances. Comment veut-on que dans de semblables conditions, l'adjudication purge leurs hypothèques? Et cependant, il faut aller jusque-là, si l'on admet le système de la Cour de cassation.

CHAPITRE DEUXIÈME.

Le tiers détenteur paie la dette hypothécaire.

141. Le tiers détenteur, qui n'a pas rempli les formalités de la purge dans les trente jours de la sommation qui lui est faite, peut cependant encore conserver l'immeuble, en payant intégralement les créanciers qui ont hypothèque sur cet immeuble. Il a intérêt à le faire, toutes les fois que son prix d'achat est supérieur au montant des créances hypothécaires.

142. Le détenteur, qui veut par ce moyen se mettre à l'abri des poursuites des créanciers, doit payer toutes les dettes hypothécaires, à quelque somme qu'elles puissent monter, capitaux, intérêts, frais de poursuite; et, comme l'hypothèque est indivisible et que chaque portion du fonds hypothéqué garantit la dette tout entière, le détenteur doit payer toutes ces sommes, quelque minime que soit la portion de l'immeuble hypothéqué dont il est propriétaire.

143. Le tiers détenteur doit-il tous les intérêts des sommes garanties par l'hypothèque, ou doit-il seulement les intérêts conservés par l'inscription, aux termes de l'article 2151 ? La jurisprudence et la plupart des auteurs décident avec raison qu'il peut invoquer le bénéfice de cet article. Rien, en effet, dans sa rédaction, n'indique qu'il ne règle que les rapports des créanciers entre eux ; il est général dans ses termes. Placé sous la rubrique de l'inscription, entre la réglementation du droit de préférence et celle du droit de suite, il les régit tous deux. D'ailleurs le tiers acquéreur n'étant tenu qu'hypothécairement, ne doit payer que les intérêts conservés par l'inscription ; le créancier ne peut donc exiger de lui que les intérêts de deux années et de l'année courante.

144. Mais le tiers détenteur qui, aux termes des articles 2167

et 2168, doit payer toutes les dettes hypothécaires, tous les intérêts et capitaux exigibles, jouit des termes et délais accordés au débiteur personnel (art. 2167 *in fine*), à moins qu'un délai de grâce n'ait été accordé à ce dernier; car un tel délai ne profite qu'à celui qui l'a obtenu.

145. Après avoir payé les créanciers inscrits, le tiers détenteur est subrogé de plein droit à leurs priviléges et hypothèques. L'article 1251-3° dit en effet : « La subrogation a lieu de plein droit au profit de celui qui, étant tenu avec d'autres ou pour d'autres au payement de la dette, avait intérêt à l'acquitter. » Le détenteur était tenu pour d'autres, puisqu'il n'était pas personnellement débiteur de la dette. Il avait certainement intérêt à l'acquitter, puisqu'il dégage par là son fonds de l'hypothèque, et se met à l'abri des poursuites hypothécaires.

146. Étant subrogé aux droits des créanciers, le détenteur peut agir contre le débiteur personnel, et lui réclamer tout ce qu'il a payé au delà de son prix d'acquisition. Il peut même, toujours en vertu de l'article 1251-3°, se retourner contre les autres tiers détenteurs, et leur demander de participer au payement de la créance hypothécaire.

147. Ainsi, lorsque le détenteur se conforme aux prescriptions des articles 2167 et 2168, et paie intégralement tous les créanciers inscrits, il garde son immeuble affranchi de toute charge, et il jouit du bénéfice de la subrogation pour se faire rembourser tout ce qu'il a payé en sus de son prix. Mais il peut se faire que le tiers détenteur voyant combien les charges sont supérieures à la valeur de l'immeuble, ne paye les créanciers hypothécaires que jusqu'à concurrence de son prix d'acquisition. Dans ce cas, il reste exposé aux attaques de ceux qu'il n'a pas désintéressés; ceux-ci poursuivront l'expropriation de l'immeuble, s'ils espèrent obtenir, par la voie des enchères, un prix supérieur à celui qui a été employé à payer les créanciers premiers inscrits; et lors de l'ordre qui s'en suivra, le tiers détenteur sera colloqué au rang des créanciers remboursés par lui, en vertu de la subrogation légale de l'article 1251-2°.

CHAPITRE TROISIÈME.

Le tiers détenteur délaisse l'immeuble.

148. Le tiers détenteur, qui n'a pas rempli les formalités de la purge, et qui ne veut pas payer intégralement les créanciers hypothécaires, parce que le montant des dettes inscrites dépasse la valeur de l'immeuble, a cependant un moyen d'échapper à l'expropriation. Nous avons vu, en effet, dans notre introduction, qu'il n'était pas personnellement obligé de payer les dettes hypothécaires, et que, lorsqu'un créancier hypothécaire agissait contre lui, ce n'était pas sa personne qu'il cherchait, mais la chose détenue par lui. De là cette conséquence, qu'en délaissant l'immeuble recherché entre ses mains, il satisfait aux poursuites dirigées contre lui.

149. Le délaissement est donc l'abandon fait par le tiers détenteur au profit des créanciers hypothécaires, de la possession de la chose hypothéquée, pour s'affranchir de toute poursuite. Dans son principe, c'est un juste privilége accordé au tiers détenteur pour se décharger des poursuites dirigées contre lui, à raison de dettes qui lui sont étrangères. Dans ses effets, c'est une abdication immédiate de la possession et une aliénation éventuelle de la propriété, qui se consommera définitivement par l'adjudication publique de l'immeuble.

Nous verrons bientôt dans quelle mesure ces considérations ont guidé le législateur dans la désignation des personnes qu'il admet au délaissement.

150. Qui peut délaisser ? Comment se fait le délaissement ? Quels sont ses effets ? Chacune de ces questions fera l'objet d'une section.

SECTION I.

Qui peut délaisser.

181. Aux termes de l'article 2172, « le délaissement par hypothèque peut être fait par tous les tiers détenteurs qui ne sont pas personnellement obligés à la dette, et qui ont la capacité d'aliéner. » Le tiers détenteur doit donc satisfaire à deux conditions, il faut :

1° Qu'il ne soit pas personnellement obligé à la dette ;
2° Qu'il ait la capacité d'aliéner.

§ 1er.

182. On comprend facilement pourquoi celui-là seul est admis à délaisser, qui n'est pas personnellement obligé. En effet, la faculté de délaisser est basée sur cette idée, que l'on peut se soustraire à toute poursuite, lorsque l'on n'est tenu que *propter rem*, en abandonnant l'immeuble, à l'occasion duquel on est, ou peut être poursuivi. D'autre part, d'après l'article 2092, quiconque s'est obligé personnellement, est tenu de remplir son engagement sur tous ses biens présents et à venir. De quel profit le délaissement serait-il donc pour l'obligé personnel, puisque, après l'avoir fait, il pourrait encore être poursuivi sur tous ses biens ?

183. Nous avons vu que la même condition était exigée de tout détenteur qui voulait remplir les formalités de la purge ; mais alors le motif n'était pas le même ; et si nous avons refusé la faculté de purger au détenteur personnellement obligé, c'est parce qu'il eût été injuste de permettre qu'une personne, liée par la convention qui a créé l'obligation principale, puisse rompre le contrat par sa seule volonté, et retirer au moyen d'une simple indemnité, la sûreté réelle qu'elle avait librement consenti à donner.

De cette divergence dans les motifs qui ont fait exiger la même condition dans les deux cas, résultent également des différences importantes au point de vue de l'application, notamment en ce qui concerne la caution réelle et l'héritier pour partie du débiteur. C'est ce que nous verrons dans un instant.

154. Puisque, pour pouvoir délaisser, il ne faut pas être personnellement obligé, le délaissement n'est pas possible pour l'acquéreur qui, dans le contrat, s'est engagé à employer le prix de son acquisition à payer les créanciers inscrits. Peu importe que les créanciers, en acceptant la délégation que le vendeur leur faisait de l'acheteur, n'aient pas déclaré expressément qu'ils entendaient décharger leur débiteur ; il n'y aura pas novation sans doute, l'article 1275 nous le dit d'une manière formelle ; mais comme dans l'espèce, les créanciers sont après tout devenus créanciers directs du prix, au lieu et place du vendeur, ils peuvent poursuivre le tiers acquéreur par l'action personnelle : celui-ci ne peut donc délaisser.

Peu importe même que les créanciers ne soient pas intervenus dans l'acte, et qu'ils n'aient même pas accepté la délégation dont s'agit ; ils pourront toujours en effet, exerçant les droits de leur débiteur, réclamer l'exécution de l'obligation consentie envers lui, et empêcher ainsi le tiers acquéreur de délaisser. Mais, comme le remarque M. Troplong, et comme le décide la jurisprudence, si les créanciers exercent l'action hypothécaire et somment le détenteur de payer ou de délaisser, celui-ci peut les prendre au mot et délaisser.

155. La caution ne peut délaisser l'immeuble hypothéqué à la dette qu'elle cautionne. Je parle bien entendu d'une caution qui a contracté un engagement personnel, tel qu'il est défini par l'article 2011 du Code civil. Si, en effet, une personne, sans s'engager personnellement, hypothéquait son fonds à la dette d'autrui, se portait caution réelle, en un mot, elle aurait sans aucun doute le droit de se soustraire aux poursuites en abandonnant ce fonds ; car tenue *propter rem*, elle ne fait autre chose en délaissant, qu'exécuter l'obligation qu'elle a contractée.

156. Le délaissement est également interdit à l'héritier du débiteur direct et de la caution personnelle, au légataire universel ou à titre universel, au donataire des biens présents et à venir ; car ils sont personnellement obligés au paie-

ment des dettes qui grèvent la succession ou la donation.

187. Au contraire, l'acquéreur, l'échangiste, celui qui a reçu un immeuble en paiement, le donataire de biens présents, le légataire à titre particulier sont, par la nature même de leurs titres, dispensés des dettes personnelles de ceux dont ils tiennent leurs droits; ils peuvent donc délaisser.

188. *Quid* de l'héritier, pour partie seulement, du débiteur principal, lorsque cet héritier a déjà payé la portion pour laquelle il était tenu personnellement de la dette? S'il a entre ses mains l'immeuble hypothéqué, et qu'il soit poursuivi pour le restant de la dette, par le créancier hypothécaire, pourra-t-il délaisser?

Nous nous sommes déjà posé la même question à propos de la purge, et nous avons refusé la faculté de purger à l'héritier pour partie du débiteur principal. Nous lui accorderons, au contraire, la faculté de délaisser; car le paiement effectué pour partie par l'héritier a éteint son obligation personnelle : il ne lui reste donc plus que la qualité de tiers détenteur.

188 *bis*. Notre manière de voir n'est cependant pas admise par tout le monde. Les anciennes coutumes, notamment celles de Normandie et d'Amiens, décidaient que chaque héritier était tenu personnellement et solidairement au paiement de toutes les dettes du défunt. Loyseau adoptait cette opinion. Selon lui, par cela seul que l'action personnelle avait concouru avec l'action hypothécaire en la personne d'un cohéritier, il était tenu seul pour le tout, sans discussion ni division. A l'appui de ce système, qui compte encore aujourd'hui de nombreux partisans, on invoque un argument de texte. Aux termes de l'article 724, l'héritier est continuateur de la personne du défunt, il est saisi de plein droit de tous ses biens, droits et actions, *sous l'obligation d'acquitter toutes les charges de la succession;* il est donc obligé personnellement au paiement de la dette.

On constate de nombreuses différences entre l'héritier obligé personnel, et le simple détenteur. Ainsi le tiers détenteur peut purger, tandis que l'héritier, qui trouve dans la succession un immeuble hypothéqué, ne le peut pas. De même, en cas d'éviction, il n'a pas l'action en garantie de l'article 2178; il ne peut qu'actionner ses cohéritiers sur leurs parts et portions. Tandis que le tiers détenteur conserve les fruits de l'immeuble jusqu'à la sommation, l'héritier doit les rendre tous : *non dicuntur bona, nisi deducto ære alieno.* De cette différence de situation entre le tiers détenteur et l'héritier, on conclut que celui-ci ne doit pas pouvoir délaisser.

Enfin, ajoute-t-on, l'article 2169 veut que le délaissement soit précédé d'un commandement adressé au débiteur personnel, et d'une sommation au tiers détenteur. Or, il est évident qu'on ne saurait appliquer ici l'article 2169, sous peine de tomber dans l'absurde, puisque l'héritier pour partie est tout à la fois débiteur personnel et détenteur. Si la loi avait voulu l'autoriser à délaisser, elle aurait bien certainement édicté des formalités spéciales.

188 *ter*. Voici comment on peut répondre à ces arguments : Tout d'abord je reconnais que l'opinion de nos adversaires prévalut longtemps dans notre vieux droit français; mais au siècle dernier, elle était complétement abandonnée. Pothier (1) le déclare, et voici comment s'exprime à ce sujet Prévôt de la Jannès : « Il arrive quelquefois que l'action hypothécaire procède contre celui qui est personnellement obligé à quelque partie de la dette ; tel est celui qui se trouve héritier en partie du débiteur, et qui possède aussi des héritages de la succession ; il est tenu personnellement de la dette, pour la part virile dont il est héritier, et hypothécairement pour le total. D'où il suit que s'il a cessé de posséder avant la demande les héritages de la succession hypothéqués à la dette, il n'est plus tenu que pour sa part, et l'action hypothécaire ne procède plus contre lui... »

Aujourd'hui, l'article 2172 est formel. Il déclare que toute personne est admise à délaisser, pourvu qu'elle ne soit pas personnellement obligée à la dette. Telle est bien notre hypothèse, car l'acceptation du paiement partiel par les créanciers a éteint l'obligation personnelle de l'héritier. Dès lors n'étant tenu pour le surplus que comme détenteur de l'immeuble hypothéqué, et à raison même de cette détention, il est dans la situation d'un tiers détenteur ordinaire ; il doit

(1) Pothier, *De l'Hypoth.*, n° 52.

comme lui, pouvoir délaisser. Cet argument me paraît irréfutable. C'est vainement qu'on lui oppose l'article 724. Sans doute l'héritier pour partie est le continuateur de la personne du *de cujus*, et, comme tel, obligé de payer les dettes de la succession, mais seulement jusqu'à concurrence de sa part et portion ; cette part une fois payée, et le paiement accepté par les créanciers, son obligation personnelle disparaît.

Qu'il ne puisse pas purger, cela se conçoit : car en même temps que tiers détenteur, il est héritier, et, comme tel, tenu, au même degré que son auteur, des effets indivisibles de l'hypothèque ; il ne peut donc pas plus que le débiteur qu'il représente, recourir à la purge, qui implique l'oubli manifeste et la violation de cette obligation. Mais ici il n'en est plus de même. Le délaissement n'a rien de contraire aux droits des créanciers hypothécaires : il est même la reconnaissance et l'exécution du contrat hypothécaire ; car les créanciers retrouvent ainsi leur gage, sur lequel ils vont faire valoir leurs droits sans entrave et sans nul préjudice pour eux. L'héritier pour partie, lorsqu'il délaisse après avoir payé tout ce dont il est tenu personnellement, n'amoindrit pas l'obligation qu'avait contractée son auteur vis-à-vis des créanciers hypothécaires ; donc le délaissement est possible.

Qu'importe d'ailleurs que l'héritier n'ait pas, comme tout tiers détenteur, une action en garantie pour éviction, et qu'il ne puisse conserver les fruits de l'immeuble jusqu'à la sommation ? J'en conclus simplement que l'héritier pour partie, qui a payé sa part et portion dans la dette héréditaire, ne jouit pas de tous les droits qui appartiennent au tiers détenteur. Mais, parce que la loi l'a privé de quelques-uns, faut-il les lui enlever tous ? Évidemment non.

Quant à l'impossibilité où nous nous trouvons de nous conformer aux dispositions de l'article 2169, de faire commandement au débiteur personnel et sommation au détenteur, elle n'est pas insurmontable. On peut dire que cet article ne parle que *de eo quod plerumque fit*. Il est bien évident que, dans l'espèce, une simple sommation à l'héritier détenteur suffirait ; on ferait alors le commandement à ses cohéritiers.

159. Nous avons dit que la première condition exigée par l'article 2172, pour que le délaissement soit possible, c'est que le tiers détenteur ne soit pas obligé personnellement à la dette. A cette condition, sur laquelle nous venons de nous expliquer, se rapporte la première partie de l'article 2173, ainsi conçue : « Le droit de délaisser existe encore, même après que l'acquéreur *a reconnu l'obligation, ou subi condamnation en sa seule qualité de détenteur.* »

Cette disposition paraît singulière au premier abord. La loi suppose qu'un tiers détenteur a, en cette seule qualité, reconnu le droit hypothécaire du créancier ou subi condamnation; et elle lui permet néanmoins de délaisser encore l'immeuble. Dans quels cas donc pourra-t-on dire qu'un tiers détenteur a, en cette seule qualité de tiers détenteur, reconnu l'obligation ou subi condamnation? Il y a certainement dans l'article 2173 un souvenir de notre ancien droit et du régime sous lequel, les hypothèques étant occultes, le créancier procédait contre le tiers détenteur, non par voie de sommation directe, mais par une demande judiciaire en reconnaissance ou en déclaration d'hypothèque. Alors le tiers détenteur, qui avait reconnu en justice le droit hypothécaire, ou qui avait été condamné à le reconnaître, mais qui dans les deux cas, n'avait agi qu'en sa seule qualité de tiers détenteur, était admis à délaisser.

Sous notre régime actuel, l'application de l'article 2173 est devenue beaucoup plus rare : toutefois, elle n'est pas impossible et peut encore se présenter dans deux hypothèses.

1° Il peut se faire qu'un créancier veuille interrompre la prescription de l'hypothèque qui garantit une créance conditionnelle ou à terme. On sait, en effet, que l'article 2257 ne suspend la prescription qu'à l'égard des créances, et nullement pour les droits réels. Dès lors, il peut arriver que dans l'intervalle du jour du contrat à celui de l'accomplissement de la condition, le tiers détenteur prescrive la liberté de son héritage, et que le créancier se trouve ainsi dépouillé de ses sûretés le jour où il pourra exiger le paiement de sa créance. Pour obvier à cet inconvénient et arrêter cette prescription, le créancier peut obtenir du tiers détenteur une reconnaissance volontaire de l'hypothèque, ou, en cas de refus, solliciter un jugement qui en tienne lieu. Notre article nous dit que, même après avoir ainsi reconnu, soit volontairement, soit judiciairement, l'existence de l'hypothèque, le tiers détenteur n'aura pas contracté d'obligation personnelle, et conservera le droit de délaisser.

2° Il peut se faire aussi que le détenteur actionne le créancier pour obtenir la radiation de son hypothèque. S'il succombe, il subit une condamnation qui déclare l'hypothèque valable et en maintient l'inscription; mais comme il n'en résulte pas pour lui une condamnation personnelle, il peut encore délaisser.

§ 2.

160. Nous venons d'étudier la première condition exigée du tiers détenteur pour qu'il soit admis au délaissement; il faut, avons-nous dit, qu'il ne soit pas personnellement obligé à la dette. La seconde condition exigée par l'article 2172, c'est qu'il ait la capacité d'aliéner.

Au premier abord, on s'étonne que l'article 2172 enlève ainsi la faculté de délaisser à tout tiers détenteur qui n'a pas la capacité d'aliéner. En effet le délaissement ne constitue pas en lui-même un abandon de la propriété; ce n'est qu'une abdication de la possession. Cela est si vrai, que jusqu'à l'adjudication, le tiers détenteur peut reprendre l'immeuble, en payant toute la dette et les frais (art. 2172 *in fine*); le détenteur reste donc propriétaire après comme avant le délaissement. Pourquoi donc exiger de lui la capacité d'aliéner, lorsqu'il veut délaisser? C'est que si le délaissement ne constitue pas en lui-même une aliénation, il engage le fonds délaissé dans une procédure dont le terme direct est l'aliénation. Il entraîne des conséquences fort graves, notamment la faculté pour les créanciers de vendre l'immeuble par voie d'expropriation, sans s'adresser au délaissant. Dès lors on comprend que la capacité d'aliéner ait été requise.

161. Ainsi le mineur, l'interdit, ne peuvent délaisser; mais le tuteur, le curateur, le peuvent, parce que, en observant certaines formalités, ils peuvent aliéner.

La femme mariée, sous quelque régime que ce soit, ne peut délaisser qu'avec l'autorisation de son mari (art. 217 C. civ.).

La femme dotale, avec l'autorisation de la justice, si le délaissement doit avoir pour objet un immeuble dotal (art. 1558 C. civ.).

Le prodigue, avec l'assistance de son conseil judiciaire.

Le mineur émancipé, avec l'assistance de son curateur.

En matière de faillite, le délaissement doit être fait non pas par les syndics provisoires, mais par les syndics définitifs.

En matière d'absence, les envoyés en possession définitive peuvent délaisser. Mais les envoyés en possession provisoire en sont incapables, puisque l'article 128 du Code civil leur défend d'aliéner ; ils devront donc subir l'expropriation.

L'administrateur provisoire nommé, en vertu de l'article 32 de la loi du 30 juin 1838, aux biens de la personne non interdite placée dans un établissement d'aliénés, pourra délaisser avec l'autorisation du conseil de famille et l'homologation du tribunal civil.

Le curateur d'une succession vacante n'est pas admis au délaissement. Le curateur est, dit-on, un mandataire choisi par la justice pour représenter la succession. A quoi servirait qu'il fît le délaissement, puisqu'il faudrait, sur la demande du plus diligent des créanciers, créer à l'immeuble un curateur sur lequel la vente serait poursuivie? Cela amènerait évidemment des formalités inutiles.

162. Pour que le tuteur puisse délaisser, suffit-il qu'il soit autorisé par le conseil de famille, ou bien faut-il encore que la délibération du conseil de famille soit homologuée par le tribunal?

Suivant M. Duranton (1), le tuteur devrait, pour délaisser, être muni d'une autorisation du conseil de famille homologuée par le tribunal. L'article 2172 exige, pour délaisser, la capacité d'aliéner ; or, à quelles conditions le tuteur peut-il aliéner? Elles sont indiquées par les articles 457 et 458 du Code civil : il faut l'autorisation du conseil de famille et l'homologation du tribunal ; ce n'est qu'en remplissant ces deux conditions que le tuteur peut délaisser.

A cela on peut répondre que si les articles 457 et 458 étaient ici applicables, il faudrait également appliquer l'article 459, qui fait partie de l'ensemble des conditions exigées

(1) Duranton, t. XX, n° 200.

pour que le tuteur puisse aliéner. Or, cet article édicte pour la vente des biens de mineurs des formalités, qui sont évidemment incompatibles avec la procédure plus expéditive des articles 2169 et suivants. Si donc l'article 459 doit être nécessairement écarté, les articles 457 et 458 doivent l'être également.

Aussi est-il préférable d'adopter le système qui se contente d'exiger l'autorisation du conseil de famille, sans imposer la nécessité de faire homologuer cette autorisation par le tribunal (1). En effet, il résulte de l'article 464, que la seule autorisation du conseil de famille rend le tuteur habile à acquiescer aux demandes relatives aux droits immobiliers du mineur. Or le délaissement n'est qu'un acquiescement donné à la sommation faite par le créancier hypothécaire de délaisser. D'ailleurs, puisque le tuteur est admis au délaissement, il faut le lui rendre possible, et ne pas lui retirer en fait ce qu'on lui accorde en droit. Or, l'emploi des formalités nombreuses et lentes qu'il faut forcément remplir dans le système opposé, si l'on veut être conséquent avec soi-même, arriverait à ce résultat de rendre la plupart du temps, pour ne pas dire toujours, le délaissement impossible.

163. Nous venons d'indiquer quelles personnes sont capables d'aliéner ; nous avions précédemment indiqué celles qui ne sont pas personnellement obligées : celles-là peuvent toujours délaisser, car ces deux conditions une fois remplies, aucune autre n'est exigée.

Certains auteurs ont cependant prétendu en ajouter une troisième. Ils ont soutenu que le détenteur ne peut être reçu à délaisser, que dans le cas où il a déjà payé le prix à son vendeur. L'acquéreur qui n'a pas payé, disent-ils, doit offrir son prix aux créanciers ; sans cela il pourrait résoudre le contrat de vente sans motif, à son bon plaisir, et il aurait encore un recours contre le vendeur, qui, outre les dommages et intérêts, devrait encore lui rembourser les frais et loyaux coûts du contrat.

Cette opinion ne saurait être admise, car, ainsi que l'a jugé

(1) Pont, n° 1172.

la Cour de cassation dans un arrêt de rejet du 8 août 1810, ce serait rendre obligatoire la purge qui, dans la pensée de la loi, est essentiellement facultative. « Dans l'opinion que je combats, dit M. Troplong (1), il ne suffirait pas d'empêcher l'acquéreur de délaisser; car quel est le but? d'enchaîner tellement l'acquéreur qu'il ne soit pas en son pouvoir de se dégager du contrat de vente, dont il n'a pas rempli les conditions. Eh bien! veut-on que l'acquéreur ne délaisse pas? Qu'arrivera-t-il? C'est que les créanciers saisiront sur lui, qu'on l'expropriera, et que, par une voie ou par l'autre, on arrivera toujours à une éviction. Il faut donc que les partisans de ce système erroné aillent plus loin et qu'ils disent: non-seulement l'acquéreur ne pourra pas délaisser, mais encore, il devra offrir son prix aux créanciers inscrits; c'est-à-dire qu'il faudra, bon gré mal gré, qu'il purge; or, cette proposition est une de celles qu'il suffit d'énoncer, pour en sentir le vice, et tout le système auquel elle sert de base doit s'écrouler, puisque par une confusion palpable, il veut rendre obligatoire et forcé, ce qui est essentiellement facultatif. »

Le système soutenu par M. Troplong est d'ailleurs conforme au texte de l'article 2172, d'après lequel il suffit, pour pouvoir délaisser, d'être capable d'aliéner et de n'être pas personnellement obligé.

SECTION II.

De la forme du délaissement.

104. Le délaissement par hypothèque se fait au greffe du tribunal de la situation de l'immeuble délaissé. Le détenteur fait sa déclaration et somme les créanciers inscrits de comparaître à l'audience, pour que le tribunal donne acte du délaissement. Si le délaissement est contesté par le vendeur ou par les créanciers, soit parce que le détenteur est obligé personnellement, ou incapable d'aliéner, soit pour tout autre motif, le tribunal statue. Mais si la validité du délaissement

(1) Troplong, t. III, n° 823.

n'est pas contestée, MM. Pigeau, Troplong et Pont (1), pensent qu'il est inutile que le tribunal intervienne et ajoute de nouveaux frais aux frais nécessaires de la procédure.

165. Dans le cas où le tribunal donne acte du délaissement, il nomme par le même jugement un curateur, sur lequel la vente de l'immeuble est poursuivie dans les formes prescrites pour la saisie immobilière. Dans le cas contraire, voici, suivant M. Pont (2), comment on procède : Requête est présentée par la partie la plus diligente au président du tribunal, qui la communique au ministère public ; puis le tribunal, en chambre du conseil, nomme le curateur.

SECTION III.

Effets du délaissement.

166. L'effet du délaissement, c'est de soustraire le tiers détenteur, par l'abandon de l'immeuble, aux poursuites des créanciers hypothécaires.

Tant que l'adjudication n'a pas eu lieu, le tiers détenteur ne perd que la possession de l'immeuble qu'il a délaissé. Déjà, dans l'ancien droit, Loyseau et Pothier le déclaraient formellement. « Pour ce qui est de l'effet principal, à savoir de l'aliénation qui peut résulter du délaissement, disait Loyseau, il faut prendre garde que celui qui délaisse l'héritage pour les hypothèques, ne quitte pas absolument la propriété, mais seulement il en quitte la simple détention et occupation. » Cela est encore vrai aujourd'hui ; tant que l'adjudication n'est pas intervenue, le tiers détenteur reste propriétaire de l'immeuble hypothéqué qu'il délaisse. D'où les conséquences suivantes :

1° Si l'immeuble périt par cas fortuit dans l'intervalle du délaissement à l'adjudication, il périra pour le compte du tiers acquéreur, en vertu de la règle : *Res perit domino*. Celui-ci n'aura même aucun recours contre le vendeur, par application de l'article 1138 du Code civil.

(1) Pigeau, t. II, p. 418 ; — Troplong, t. III, n° 827 ; — Pont, n° 1180.
(2) Pont, n° 1190.

2° Si le prix d'adjudication de l'immeuble est porté à une somme supérieure au montant cumulé de toutes les créances assises sur l'immeuble et des frais, l'excédant devra être versé entre les mains du tiers détenteur.

3° Enfin, jusqu'à l'adjudication, le détenteur peut, nous dit l'article 2173 *in fine*, reprendre l'immeuble en payant toute la dette et les frais. Mais, pour pouvoir user de cette faculté, il doit, comme le dit l'article, désintéresser intégralement les créanciers et payer tous les frais qui ont été faits jusqu'au moment où il se décide à reprendre l'immeuble : frais de commandement et de sommation, frais de délaissement, frais occasionnés par la procédure en expropriation.

167. Pour pouvoir user du droit de reprendre l'immeuble que lui accorde l'article 2173, le détenteur doit-il au préalable payer la dette et les frais ? M. Pont (1) ne pense pas qu'on puisse l'exiger. La Cour de cassation a même décidé, par arrêt en date du 24 février 1830, qu'il suffit que le détenteur offre le paiement ; par là il se constitue débiteur personnel des créanciers inscrits, qui peuvent le poursuivre par les voies ordinaires, si le paiement n'est pas effectué au jour convenu.

(1) Pont, n° 1195.

CHAPITRE QUATRIÈME.

Le tiers détenteur se laisse exproprier.

168. L'expropriation forcée est la suite naturelle et logique des poursuites exercées par les créanciers hypothécaires. Toutes les fois que le tiers détenteur, qui ne remplit pas les formalités de la purge, n'use pas non plus de la faculté qu'il a, soit de payer la totalité de la dette hypothécaire, soit de délaisser l'immeuble grevé de privilége ou d'hypothèque, les créanciers privilégiés et hypothécaires ont le droit de faire vendre l'immeuble hypothéqué, trente jours après commandement fait au débiteur personnel, et sommation faite au tiers acquéreur de délaisser ou de payer.

169. Le commandement que les créanciers doivent faire au débiteur personnel est exigé po deux motifs. D'abord il faut qu'il soit averti des poursuites qui vont être dirigées contre son acquéreur ; il peut, en effet, désirer se mettre à l'abri du recours en garantie que celui-ci va exercer contre lui, s'il est exproprié, et pour cela arrêter les poursuites en payant la dette. De plus, si le débiteur ne paie pas et que le détenteur n'obéit pas à la sommation de payer ou de délaisser, les créanciers saisiront l'immeuble et le feront vendre ; or, l'article 673 du Code de procédure civile exige que toute saisie immobilière soit précédée d'un commandement fait à la personne du débiteur.

170. On s'est demandé, et la question divise encore les auteurs et la jurisprudence, si le commandement devait, à peine de nullité, précéder la sommation. D'après l'ordre logique des idées, il en doit être ainsi ; car le commandement au débiteur n'a d'autre objet que d'établir son refus de s'acquitter, et ce refus est indispensable pour autoriser l'exécution forcée sur les biens, alors surtout que ces biens ont

passé entre les mains de tiers. Toutefois, le législateur a gardé le silence sur la question qui nous occupe ; il s'est borné à exiger la signification du commandement et de la sommation, sans dire lequel de ces deux actes devait être signifié le premier. Il y aurait donc une rigueur excessive à annuler la procédure, par le simple motif que la sommation aurait été faite au tiers détenteur avant que le débiteur personnel ait été touché du commandement.

171. L'article 2169 doit être complété par l'article 673 du Code de procédure civile, qui détermine les formes du commandement, car la poursuite tend à une saisie immobilière. De plus, en vertu de l'article 674 du même Code, si le créancier laisse écouler plus de quatre-vingt dix jours entre le commandement et la saisie, il sera tenu de le réitérer. On avait pensé que l'article 674 n'était pas ici applicable, l'immeuble saisi se trouvant entre les mains d'un tiers acquéreur ; que dans ce cas la procédure était complétement réglée par l'article 2169, qui ne prononce pas la péremption du commandement. Mais la Cour de cassation, qui avait d'abord admis cette doctrine, l'a plus tard elle-même rejetée ; elle décide aujourd'hui que les articles 673 et 674 du Code de procédure s'appliquent à notre matière. Voici d'ailleurs les motifs qu'elle a invoqués à l'appui de sa décision, dans un arrêt de rejet du 16 mai 1843 :

« Considérant que, loin de présenter un système complet, l'article 2169 du Code civil consacre seulement en faveur des créanciers hypothécaires le droit de faire vendre l'immeuble sur le tiers détenteur ; l'article 2217 rédigé en termes généraux, et applicable à tous les cas d'expropriation, porte ensuite que toutes poursuites en expropriation d'immeubles sont réglées par les lois sur la procédure ; d'où il résulte que les articles 673 et 674 du Code de procédure civile sur la forme et la péremption du commandement sont applicables à la poursuite contre le tiers détenteur, comme à la poursuite contre le débiteur direct ; il y a, en effet, dans les deux hypothèses un créancier qui veut être payé, un débiteur à poursuivre et des immeubles à faire vendre.

« La Cour, etc....

172. Il est de jurisprudence constante que le détenteur peut exciper du défaut de commandement au débiteur personnel.

Il peut aussi exciper de la nullité de ce commandement, quand elle provient du défaut de qualité en la personne de celui qui l'a reçu ; il est possible, en effet, que si le débiteur eût eu connaissance du commandement, il aurait satisfait à son obligation, et soustrait ainsi le détenteur aux poursuites des créanciers, pour se mettre lui-même à l'abri de son recours en garantie. Mais les auteurs s'accordent généralement pour refuser au détenteur le droit d'exciper d'une nullité dans la forme du commandement ; on comprend, en effet, qu'il n'a plus l'intérêt que je viens de signaler pour le cas précédent (1).

173. Outre le commandement adressé au débiteur originaire, nous avons vu que l'article 2169 exigeait aussi une sommation au tiers détenteur. Mais pourquoi une simple sommation suffit-elle ici ? Il semble que c'est au détenteur qu'on eût dû plutôt faire le commandement, puisque c'est sur lui que l'immeuble est saisi. A cela on répond : Le commandement ne peut être fait qu'à celui qui est obligé en vertu d'un titre exécutoire ; or le créancier n'a de titre de cette nature que contre le débiteur direct. Le tiers détenteur n'est tenu vis-à-vis de lui qu'à raison de sa détention ; il n'est pas débiteur personnel : il ne saurait donc lui être fait commandement de payer.

174. Il en résulte que la sommation n'est pas soumise aux dispositions de l'article 673 qui régissent les formes du commandement ; il suffit qu'elle réunisse les conditions nécessaires pour la validité des exploits.

On ne pourrait donc pas exiger que la sommation contienne élection de domicile dans le lieu où siége le tribunal qui devra connaître de la saisie, si le créancier n'y demeure pas ; ni même qu'elle soit visée par le maire de la commune où le tiers détenteur est domicilié. Sans doute il sera prudent, de la part des huissiers, de se conformer sur ces divers points aux prescriptions de l'article 673 du Code de procédure civile, et peut-être eût-il été désirable que la loi leur en imposât l'obligation ; comme elle n'a pas jugé à propos de le faire, l'inobservation de ces formalités non essentielles n'entraînerait pas la nullité de la sommation.

(1) Troplong, t. III, n° 795 ; — Grenier, t. II, n° 343 ; — Persil, art. 2169, n° 12 ; — Pont, n° 1148.

BIBLIOTHÈQUE NATIONALE R.F. IMPRIMÉS.

175. Une autre conséquence à déduire de ce fait que les formalités exigées par les articles 673 et 674 du Code de procédure civile, en matière de commandement, ne sont pas applicables en matière de sommation, c'est que celle-ci ne se périme pas par l'expiration des quatre-vingt dix jours dont parle l'article 674. Quoi qu'en disent MM. Chauveau et Bioche, nous pensons que la sommation reste efficace pendant trois ans. Cette opinion, qui est celle suivie par la jurisprudence et la majorité des auteurs, est d'ailleurs conforme au texte de l'article 2176, ainsi conçu : « Les fruits de l'immeuble hypothéqué ne sont dus par le tiers détenteur qu'à compter du jour de la sommation de payer, et, *si les poursuites ont été abandonnées pendant trois ans, à compter de la nouvelle sommation qui sera faite* ». L'obligation de rendre les fruits, que l'article 2176 met à la charge du tiers détenteur, n'est qu'une obligation accessoire, basée sur cette considération qu'il cesse d'être possesseur de bonne foi, du moment où les créanciers hypothécaires l'ont mis en demeure de payer ou de délaisser. Or, si cette obligation accessoire se soutient, malgré une interruption de poursuites pendant trois ans, c'est qu'évidemment l'obligation principale a dû aussi subsister; car du moment où l'éviction ne serait plus imminente, le tiers détenteur redeviendrait possesseur de bonne foi, et l'on ne comprendrait pas qu'il fût cependant encore obligé de tenir compte des fruits à un créancier qui ne pourrait plus l'évincer.

Il peut paraître rigoureux qu'un créancier puisse, pendant trois ans, poursuivre l'expropriation, sans réitérer sa sommation, alors surtout que le commandement fait au débiteur personnel ne conserve son effet que pendant quatre-vingt dix jours, aux termes de l'article 674 du Code de procédure civile. Mais la loi est ainsi faite; du moins l'article 2176 est formel. On sait d'ailleurs qu'en règle générale, toute instance, tout acte de procédure ne se périme que par trois ans (art. 397 C. pr. civ.).

176. La sommation doit toujours contenir désignation suffisante de l'immeuble auquel elle s'applique.

177. Une fois la sommation et le commandement régulièrement faits, la saisie ne peut s'opérer immédiatement : il faut laisser s'écouler un espace de trente jours. Nous avons

déjà vu qu'une difficulté avait été soulevée à ce sujet. D'après l'article 2169, chaque créancier a droit de faire vendre le fonds trente jours après le commandement et la sommation, tandis que l'article 2183 donne au tiers acquéreur un mois pour faire ses notifications à fins de purge. Nous avons déjà résolu cette difficulté. Nous avons reconnu que trente jours ou un mois ne sont dans l'espèce qu'un seul et même délai, le Code ayant été rédigé sous l'empire du calendrier républicain, d'après lequel les mois se composaient invariablement de trente jours.

178. Le délai de trente jours une fois écoulé, les créanciers peuvent procéder à la vente de l'immeuble, suivant les formes tracées par les articles 673 et suivants du Code de procédure civile en matière de saisie immobilière.

CHAPITRE CINQUIÈME.

Exceptions diverses que le tiers détenteur peut opposer aux créanciers.

179. Jusqu'ici nous avons assisté à toutes les phases de la lutte favorables aux créanciers hypothécaires. Nous avons exposé son droit de poursuite s'exerçant sans obstacle sous ses formes diverses. Toutefois le tiers détenteur peut, dans certains cas, arrêter le cours de la procédure. Le Code civil lui accorde la faculté de mettre en mouvement certaines fins de non-recevoir qui écartent pour un temps les attaques, mais en laissant subsister quant au fond tous les droits des créanciers hypothécaires.

C'est ainsi qu'il peut empêcher l'expropriation, tout au moins d'une façon temporaire, au moyen d'une exception dite bénéfice de discussion. Cette exception n'est pas d'ailleurs la seule qu'il puisse opposer aux poursuites des créanciers; il a encore l'exception de garantie. Et même, s'il fallait en croire certains auteurs, il faudrait lui accorder l'exception *cedendarum actionum;* mais cela est controversé, ainsi que nous le verrons plus tard.

SECTION I.

Du bénéfice de discussion.

180. Le bénéfice d'ordre ou de discussion peut être défini le droit pour le tiers détenteur de faire surseoir à la vente forcée de l'immeuble acquis, en demandant que le créancier saisisse préalablement les autres immeubles, hypothéqués à la même dette, qui se trouvent encore en la possession du

principal ou des principaux obligés, avec offre d'avancer les fonds suffisants pour cette procédure.

C'est une exception purement *dilatoire*. Elle empêche *temporairement* l'expropriation de l'immeuble hypothéqué, mais n'arrête pas définitivement les poursuites du créancier; celui-ci pourra les reprendre si, après l'exécution des biens qu'il a été renvoyé à discuter, il n'a pas trouvé dans le prix le montant de sa créance. Ce caractère résulte des termes mêmes de l'article 2170 *in fine*, d'après lequel « pendant la discussion, il est *sursis* à la vente de l'héritage hypothéqué ».

181. Inconnu dans l'ancien droit romain, le bénéfice de discussion a été créé par la Novelle IV de Justinien. Alors la discussion était forcée, c'est-à-dire que le créancier devait toujours actionner directement le débiteur personnel, et c'était seulement en cas d'insolvabilité de celui-ci, qu'il pouvait se retourner contre le tiers détenteur de l'immeuble hypothéqué. Dans notre ancienne jurisprudence française, elle n'avait pas été admise par toutes les coutumes, et dans celles qui ne la refusaient pas expressément, ses applications étaient fort rares; la discussion n'était plus forcée, mais simplement facultative. Abrogée par la loi de brumaire an VII, elle a été rétablie par notre Code, avec le caractère qu'elle présentait dans notre ancien droit.

182. Ainsi aujourd'hui le bénéfice de discussion est une faveur accordée au tiers détenteur, et non un droit. Ce n'est donc pas une de ces exceptions que le juge peut suppléer d'office : elle doit être formellement invoquée dès le début par la partie dans l'intérêt de laquelle elle a été introduite. Le créancier qui, au point de vue des principes rigoureux du droit, peut poursuivre l'immeuble hypothéqué entre les mains du tiers détenteur, doit être averti immédiatement de l'intention de ce dernier; son silence, lors des premières poursuites, entraîne sa déchéance du bénéfice.

183. Mais quel est le sens précis de ces mots *premières poursuites* de l'article 2022? Quel est l'acte qu'il faut considérer comme constituant les premières poursuites? D'après M. Troplong (1), ce serait la sommation de payer ou de délaisser, qui doit être faite au tiers détenteur, parce que cette somma-

(1) Troplong, t. III, n° 801.

tion sert de point de départ à la poursuite en expropriation (art. 2169).

La jurisprudence a repoussé cette solution trop rigoureuse, et avec juste raison. En effet, la sommation de l'article 2169 n'est qu'un avertissement extrajudiciaire; ce n'est pas un acte de procédure à proprement parler ; elle est en dehors des formalités nécessaires à la vente de l'immeuble. Le tiers détenteur pourra donc opposer le bénéfice de discussion, même après la sommation de l'article 2169, même après le procès-verbal de saisie immobilière; mais il devra l'opposer avant la dénonciation de la saisie.

184. Par quels tiers détenteurs le bénéfice peut-il être opposé? A quels créanciers? Sous quelles conditions? Et quel est l'effet du bénéfice opposé? Telles sont les quatre questions que nous nous proposons d'examiner successivement.

§ 1er.

185. Nous nous demandons d'abord à quels tiers détenteurs appartient le bénéfice de discussion. Il appartient, dit l'article 2170, à ceux qui ne sont pas personnellement obligés à la dette. Il faut donc qu'ils ne soient pas débiteurs personnels, et qu'ils ne soient tenus vis-à-vis des créanciers que *propter rem*, en sorte que si, par exemple, ils délaissaient l'immeuble, ils fussent complétement à l'abri des poursuites des créanciers.

186. Faut-il accorder le bénéfice à un tiers détenteur qui s'est porté caution de la dette? Oui, répond M. Mourlon (1), et à l'appui de son opinion, il prête au détenteur-caution le dilemme suivant : « En quelle qualité suis-je poursuivi? Est-ce comme caution? Je vous oppose alors le bénéfice de discussion, dont je jouis en ma qualité de caution, conformément à l'article 2021. Est-ce comme tiers détenteur? J'invoque alors le bénéfice de discussion qui est accordé au tiers détenteur par l'article 2170. »

Ce raisonnement, d'après M. Pont (2), n'est qu'une équivoque, que le créancier n'aurait pas de peine à dissiper.

(1) Mourlon, *Répétit. écrit.*, t. III, n° 1643.
(2) Pont, n° 1160.

« Laissons à l'écart l'article 2021, répondrait-il; car il ne s'agit en aucune façon d'une poursuite *sur vos biens personnels* autres que ceux qui sont affectés de mon hypothèque ; je vous poursuis comme un tiers détenteur, et uniquement à cause de l'immeuble que vous détenez, *lequel est mon gage*. L'article 2170 vous échappe donc aussi, comme l'article 2021, ou plutôt cet article même vous condamne; car s'il accorde le bénéfice de discussion au tiers détenteur, c'est à la condition expresse que ce tiers détenteur ne soit pas *personnellement obligé* à la dette : or la condition défaille en votre personne, puisque en même temps que vous êtes tenu *réellement* à cause de l'immeuble dont vous êtes détenteur, vous êtes tenu *personnellement* à cause du cautionnement que vous avez consenti.»

187. La même solution doit être appliquée au tiers détenteur qui s'est porté caution réelle du débiteur principal, en vertu d'une clause insérée dans le contrat de vente, ou qui a donné une hypothèque complémentaire pour sûreté de la dette. Il ne peut plus opposer le bénéfice de discussion. Il est vrai qu'il n'a donné qu'un cautionnement réel, et qu'à ce point de vue, on pourrait dire qu'il n'est pas personnellement obligé à la dette. Mais il a du moins reconnu la dette, et par là il s'est obligé plus étroitement que comme tiers détenteur. Quant à l'objection consistant à dire qu'il est tout à la fois tiers détenteur et caution, et qu'en conséquence il jouit de l'exception de discussion, soit en vertu de l'article 2170, soit en vertu de l'article 2021, je répondrai ceci : Aux termes de l'article 2151, pour pouvoir se prévaloir du bénéfice de discussion, il faut se trouver en présence de créanciers ayant hypothèque générale. Or le tiers détenteur a constitué une hypothèque spéciale sur un de ses immeubles ; donc il est déchu du bénéfice de discussion.

188. De même le bénéfice doit être refusé au tiers détenteur qui, dans le contrat de vente, a accepté une clause l'obligeant à verser tout ou partie de son prix entre les mains des créanciers hypothécaires, car il y a là pour lui une obligation personnelle. Nous renvoyons d'ailleurs pour plus d'explications, à ce que nous avons dit lorsque la question s'est posée en matière de délaissement.

189. Les ayants cause universels du débiteur personnel, l'héritier, le légataire universel ou à titre universel, le do-

nataire des biens présents et à venir, ne peuvent pas opposer le bénéfice ; car ils sont personnellement obligés au paiement des dettes qui grèvent la succession ou la donation.

190. Que faut-il décider à l'égard de l'héritier pour partie, qui a payé sa part dans les dettes héréditaires ? Peut-on le considérer comme tiers détenteur relativement au reste des dettes, et lui permettre d'invoquer le bénéfice ?

Je ne le crois pas. Pothier (1) lui-même nous apprend que l'exception de discussion « ne peut être opposée par ceux qui sont personnellement tenus de la dette, pour quelque petite partie que ce soit ». S'il en était autrement, les cohéritiers se renverraient le créancier de l'un à l'autre, et cette raison nous paraît déterminante. Est-il juste, en effet, d'obliger le créancier à s'adresser ainsi successivement à chacun des héritiers détenteurs de biens hypothéqués, et de le soumettre, par ces recours successifs, à des embarras et à des retards si préjudiciables à ses intérêts? Et n'est-ce pas le cas de répéter avec le président Favre, que l'exception de discussion n'est pas tant fondée sur le fond du droit que sur l'équité ; que c'est une faveur faite au tiers détenteur, contre la nature du droit hypothécaire, et que de telles faveurs ne doivent pas être étendues outre mesure.

On sent d'ailleurs par le motif qui appuie notre solution, qu'elle n'a rien de contradictoire avec ce que nous avons dit plus haut lorsque la même question s'est posée au sujet du délaissement.

§ 2.

191. A quels créanciers le bénéfice de discussion est-il opposable ? L'article 2171 répond à la question en ces termes : « L'exception de discussion ne peut être opposée au créancier privilégié ou ayant hypothèque spéciale sur l'immeuble. » On ne peut donc l'invoquer que contre les créanciers munis d'hypothèques générales, c'est-à-dire légales ou judiciaires. Encore même faut-il qu'elles n'aient pas été réduites dans les termes des articles 2140, 2161 et suivants ; car alors, tout en demeurant légales ou judiciaires dans leur

(1) Pothier, *De l'Hypoth.*, n° 35.

constitution et en principe, elles sont spécialisées par la convention.

192. Le motif qui a dicté l'article 2171 se comprend à merveille. D'abord en ce qui concerne le privilége, la faveur dont la loi semble vouloir entourer la créance qu'il garantit, en y attachant un droit si exorbitant, ne pouvait être contrebalancée par aucune autre considération de nature à faire accorder le bénéfice. Lorsqu'il s'agit d'une hypothèque conventionnelle, qui est toujours spéciale, on comprend également que le tiers détenteur ne puisse pas forcer le créancier à aller discuter d'autres immeubles qu'il ne connaît peut-être pas. C'eût été violer la convention intervenue entre les parties, puisque cette convention affecte spécialement tel immeuble déterminé à la sûreté d'une créance, et que le créancier n'a sans doute consenti à traiter, que parce qu'on lui offrait cet immeuble en gage.

Quant aux hypothèques légales ou judiciaires, qui sont générales, les mêmes motifs de refuser le bénéfice au tiers détenteur n'existaient pas. On pouvait même le lui accorder sans grand inconvénient; c'est ce que la loi a fait. Ici, en effet, le créancier n'a pas dû compter sur la vente de tel ou tel immeuble pour être payé; peu lui importe, pourvu qu'il soit rendu indemne.

193. On s'est demandé quelle était la nature de l'hypothèque dans le cas exceptionnel de l'article 2130. Il s'agit d'un créancier qui, vu l'insuffisance des biens présents de son débiteur, a stipulé une hypothèque sur tous les biens que celui-ci acquerra par la suite. Est-ce là une hypothèque générale qui puisse donner lieu à l'exercice du bénéfice ? Non, répond la majorité des auteurs. Il est vrai qu'elle est générale au point de vue de sa constitution, puisqu'elle frappe tous les immeubles ; mais elle est spéciale au point de vue de l'inscription, puisque le créancier est obligé de prendre une inscription particulière sur chaque immeuble acquis par le débiteur ; il faut donc autant d'inscriptions, qu'il y a d'immeubles différents, tandis que pour les hypothèques légales ou judiciaires, une seule inscription prise dans un bureau frappe tous les immeubles que le débiteur acquiert ensuite dans l'arrondissement du même bureau (art. 2148 *in fine*).

§ 3.

194. Nous sommes arrivés aux conditions sous lesquelles le bénéfice de discussion peut être opposé. Le législateur, tout en veillant à la position intéressante du tiers détenteur, n'a point perdu de vue les droits du créancier, dont on ne pouvait arrêter les poursuites bien et dûment intentées, devant des allégations hasardées et des possibilités fugitives. Aussi ne suffit-il pas au tiers détenteur de proposer son exception dès les premières poursuites. Il ne faut pas, en effet, que la discussion dégénère en déception pour le créancier, et le soumette à une procédure aussi onéreuse qu'inutile. De là un certain nombre de conditions, auxquelles le détenteur doit se soumettre pour pouvoir opposer le bénéfice.

195. C'est ainsi qu'il doit, comme la caution, indiquer au créancier les biens à discuter ; mais de plus qu'elle, il ne peut, aux termes de l'article 2170, désigner que des immeubles hypothéqués à la dette même, à raison de laquelle le créancier exerce ses poursuites.

La raison en est bien simple. On ne pouvait, sans grande injustice, et sans détruire la convention intervenue entre les parties, forcer le créancier à abandonner, même provisoirement, son gage spécial, pour discuter d'autres biens que celui en considération duquel il a prêté, et qu'il serait obligé de partager avec d'autres, puisque sur ces biens il n'a pas plus de droit qu'un simple créancier chirographaire.

Il ne suffit donc pas que le tiers détenteur fournisse la preuve de la solvabilité du débiteur, soit en faisant reconnaître le crédit dont il jouit, soit en discutant son mobilier. Il ne suffit même pas que celui-ci possède d'autres immeubles, quelque considérable que pût en être la valeur, si ces immeubles ne sont pas hypothéqués au profit du poursuivant.

196. Mais, du moment où le tiers détenteur désigne des immeubles hypothéqués à la dette, le créancier ne peut en refuser la discussion, à moins que les immeubles ne soient situés hors du ressort de la Cour où le paiement doit être

fait (art. 2023 *in fine*). Autrement ce serait aggraver la position du créancier, en lui offrant une discussion dispendieuse et embarrassante.

La désignation ne peut point, à plus forte raison, porter sur des biens litigieux, ou grevés de charges absorbantes, de droits de résolution, par exemple, ou d'hypothèques nombreuses (art. 2023 *in fine*). Le créancier a droit, en effet, à recevoir le montant de ce qui lui est dû, et on ne peut, sans dérision, au lieu de le payer, le renvoyer à des procès à soutenir, — *ne alioquin pro pecunia litem accipere cogatur*, disait le président Favre.

Ces deux derniers points sont néanmoins contestés; mais nous pensons, avec la majorité des auteurs, qu'il faut appliquer ici l'article 2023, deuxième alinéa. Nous nous basons sur ce que le bénéfice de discussion étant une exception de droit étroit, doit plutôt être restreint qu'étendu; ensuite sur ce que l'article 2170 renvoyant d'une manière générale au titre *du Cautionnement*, il ne peut pas être permis d'appliquer au tiers détenteur telle disposition de ce titre, et d'en rejeter telle autre, suivant le caprice ou l'arbitraire des interprétations.

107. L'article 2170 exige que les immeubles désignés par le tiers détenteur soient dans la possession du principal ou des principaux obligés. Mais quelle est la portée des mots *principaux obligés*, dont se sert le législateur? Doit-on y comprendre la caution?

La question est très-controversée. Le Code n'en a prévu que l'une des faces : dans l'article 2023, il décide que la caution ne peut opposer le bénéfice de discussion, lorsque la discussion aurait lieu à l'encontre d'un tiers détenteur. Mais le tiers détenteur peut-il exiger que l'on discute la caution, avant de toucher à l'immeuble hypothéqué?

107 *bis*. M. Troplong (1) considère cette discussion comme possible. Il invoque l'autorité des anciens auteurs, Favre, Loyseau, Despeisses, Pothier, qui permettaient, en effet, au tiers détenteur de faire discuter, non-seulement les biens du débiteur principal, mais encore ceux des cautions. Il s'appuie également sur le texte de l'article 2170, ainsi conçu : «S'il est

(1) Troplong, t. III, n° 800 *bis*.

demeuré d'autres immeubles hypothéqués à la dette dans la possession *du principal ou des principaux obligés....* » Suivant lui, ces mots *principaux obligés* désignent les cautions, par opposition à l'expression *principal obligé*, qui désigne le débiteur principal, celui qui a contracté la dette. Le législateur aurait donc voulu faire supporter en première ligne les poursuites par ceux qui se sont personnellement obligés envers le créancier, parce qu'ils sont plus étroitement liés que les tiers détenteurs.

107 *ter*. Je crois, au contraire, que le tiers détenteur ne peut pas opposer aux poursuites des créanciers la discussion de la caution. L'article 2170 est formel. En se servant de ces expressions *principal ou principaux obligés*, il exclut toute idée de caution ; le cautionnement étant un contrat *accessoire* qui ne peut pas faire naître une obligation principale. Remarquons à l'appui, que dans le Code, l'expression *principaux obligés* ne désigne jamais que ceux dans l'intérêt desquels la dette a été contractée, et qui doivent définitivement l'acquitter ; pour s'en convaincre, il suffit de se reporter aux articles 1287, 1288, 1294, 2014 et 2022. Au contraire, quand le législateur veut joindre la caution au débiteur principal, pour l'application d'une même règle, il le fait en termes précis et formels, comme dans l'article 1252, où il est dit que la subrogation a lieu « tant contre les cautions que contre les débiteurs ».

Quant à l'argument tiré de la tradition historique, il est sans fondement; car nos anciens auteurs raisonnaient sur le texte de la Novelle IV, ch. II, qui admettait formellement la discussion tant du débiteur principal que de tous les *obligés personnels*. Or, la question est précisément de savoir si cette disposition est passée dans notre Code, si, en d'autres termes, les *principaux obligés* de l'article 2170 sont les mêmes personnes que les *obligés personnels* de la Novelle IV.

Mais, nous dit-on, le lien personnel est plus fort que le lien réel. C'est une erreur. Je fais d'abord observer que la caution n'est qu'un débiteur accessoire, tout comme le tiers détenteur : leur situation est donc identique. Je vais même plus loin et je crois que, contrairement à l'opinion de M. Troplong, c'est le lien réel qui est plus étroit et plus fort que le lien personnel. En effet, le tiers détenteur, celui qui est obligé *re tantum*, ne peut soustraire l'immeuble au droit du créancier : le paiement de celui-ci est bien assuré. Au contraire, l'obligé personnel est bien tenu sur tout son patrimoine, mais il peut se rendre insolvable par de nouvelles dettes, en telle sorte qu'au moment du paiement, le créancier ne trouve plus rien. On peut donc dire que le lien hypothécaire est plus fort, et que le tiers détenteur est encore plus étroitement tenu que la caution. Aussi en pratique, le créancier s'adresse toujours de préférence au tiers détenteur et subsidiairement à la caution, et la jurisprudence refuse constamment le bénéfice de discussion au tiers détenteur contre la caution.

108. Nous avons vu que le tiers détenteur ne pouvait jouir du bénéfice d'ordre, qu'autant qu'il l'opposait au créancier sur ses premières poursuites, et qu'il prenait en outre la précaution de lui indiquer des immeubles hypothéqués à la même dette, susceptibles d'être facilement discutés et restés dans la possession du principal ou des principaux obligés.

Ces conditions ne sont point les seules. L'article 2023 impose au tiers détenteur une dernière condition : il faut qu'il fasse l'avance des frais nécessaires à la discussion. C'est là une sanction nécessaire pour couper court à toutes les chicanes dont le bénéfice de discussion aurait pu devenir l'occasion ou le prétexte de la part du tiers détenteur, s'il avait pu en user d'une manière absolue. Un détenteur n'a aucun désir de recourir avec légèreté à cette exception, quand il sait que la procédure ne se fera qu'avec les deniers avancés par lui. D'ailleurs cette solution était commandée par les principes aussi bien que par les traditions de l'ancienne jurisprudence. La discussion, en effet, est toute dans l'intérêt du tiers détenteur, auquel elle procure un répit, et quelquefois même un entier affranchissement. C'est donc à lui d'avancer les frais de cette procédure.

Au reste, il n'est point nécessaire que le tiers détenteur offre spontanément cette avance ; il suffit qu'il la fasse, si le créancier la requiert. C'était la doctrine de l'ancien droit, et la Cour de cassation, par arrêt en date du 21 mars 1827, a décidé que l'article 2023 n'avait pas entendu s'en écarter.

§ 4.

199. Si nous nous demandons quels sont les effets de l'exception de discussion valablement opposée, nous voyons qu'elle a pour effet immédiat de suspendre les poursuites dirigées contre le tiers détenteur. C'est une exception purement dilatoire, qui toujours détourne momentanément les poursuites du créancier, en lui imposant un sursis, jusqu'à ce que le résultat de la discussion soit connu; qui amoindrit la plupart du temps la dette garantie par l'immeuble hypothéqué; et qui entraîne même quelquefois le complet affranchissement de cet immeuble. Dans ce dernier cas, l'exception devient vraiment péremptoire. Si la discussion procure des fonds suffisants à l'entier acquittement de la dette, le tiers détenteur conserve son immeuble franc et quitte de toute charge hypothécaire. Si elle ne procure que des sommes insuffisantes, l'immeuble ne répond plus que de la différence. Si elle ne produit rien, l'immeuble n'est pas déchargé, et le tiers détenteur ne profite que d'un simple répit.

Le créancier qui prétend que la discussion du débiteur a produit un résultat insuffisant ou nul, doit, bien entendu, le prouver par l'exhibition des procès-verbaux d'adjudication et autres pièces qui attestent l'insolvabilité totale ou partielle du débiteur.

200. En dehors des conséquences générales que nous venons d'indiquer, l'exception de discussion, lorsqu'elle est proposée avec accomplissement de toutes les formalités légales, a encore cet effet particulier, de transporter sur la tête du créancier toute la responsabilité de l'insolvabilité future du débiteur principal, *en tant que cette insolvabilité est survenue par défaut de poursuites*. C'est du moins ce que nous apprend l'article 2024, qui pose la règle à l'égard de la caution. Nous n'hésitons pas, quoiqu'on ait soutenu le contraire, à l'étendre au tiers détenteur; en effet, nous avons reconnu que par suite du renvoi de l'article 2170, l'article 2023 devait être appliqué au tiers détenteur; il faut donc aussi lui appliquer l'article 2024 qui n'est que la conséquence de l'article précédent.

201. L'article 2024 fait la distinction suivante : ou bien le tiers détenteur n'a pas fourni au créancier les moyens d'opérer la discussion, ou bien, au contraire, il a eu soin de mettre à sa disposition les frais de poursuites, et il a accompli toutes les formalités légales.

Dans le premier cas, l'insolvabilité du débiteur ne saurait retomber sur le créancier, qui conserve toujours le droit de poursuivre l'immeuble hypothéqué entre les mains du tiers détenteur.

Mais dans le second cas, c'est-à-dire lorsque le créancier, à la disposition duquel le tiers détenteur a mis les frais de poursuites, laisse en repos le débiteur, il commet une négligence coupable dont il doit supporter seul toutes les conséquences. Il demeure donc, jusqu'à concurrence des biens indiqués, responsable à l'égard du tiers détenteur de l'insolvabilité du débiteur ; car en recevant du détenteur ou en faisant consigner par lui les frais nécessaires pour agir, il a accepté tacitement le mandat de poursuivre le débiteur, et il doit en conséquence répondre des suites de son incurie. Rien assurément n'est plus raisonnable.

202. Il faut d'ailleurs se bien pénétrer de la vraie portée de l'article 2024. Ce que cette disposition légale met à la charge du créancier, c'est le défaut de poursuites en temps opportun. L'insolvabilité du débiteur survenue au milieu des diligences du créancier ne pourrait engager en rien sa responsabilité. Il est indispensable, en effet, pour l'application de l'article 2024, que ce soit véritablement la négligence à poursuivre qui ait empêché le paiement de la dette. La disposition de cet article est assez rigoureuse, pour que l'on doive la restreindre dans ses termes mêmes.

SECTION II.

De l'exception de garantie.

203. La garantie consiste dans l'obligation de défendre le possesseur de tous troubles en la possession de son héritage. Il peut se faire que le créancier hypothécaire se trouve personnellement obligé à garantir au tiers détenteur la libre

possession de son immeuble. Par exemple, il peut se faire qu'il devienne l'héritier de son débiteur, celui qui a vendu l'immeuble hypothéqué à sa créance. Dans ce cas l'obligation de garantie imposée à son auteur a passé sur sa tête dès l'instant où il a été saisi de l'hérédité. Mais cette obligation ne le prive pas de la créance consentie à son profit par le vendeur. Seulement on appliquera ici la règle : *Quem de evictione tenet actio, eumdem agentem repellit exceptio.* Le tiers détenteur repoussera péremptoirement les poursuites du créancier, en excipant de la garantie à laquelle il est obligé.

204. Il faut prendre garde de confondre l'exception de garantie, dont il est ici question, avec le recours ouvert au tiers détenteur contre son vendeur ou contre le débiteur personnel. Nous en parlerons plus loin, lorsque nous étudierons l'article 2178.

SECTION III.

De quelques exceptions à l'égard desquelles il y a doute.

205. Outre le bénéfice de discussion et l'exception de garantie, l'ancienne jurisprudence admettait l'existence de trois autres exceptions, l'exception à raison des impenses faites à l'héritage, l'exception à raison d'hypothèques antérieures, et l'exception *cedendarum actionum.*

206. En ce qui concerne la première de ces exceptions, celle relative aux impenses faites à l'héritage, nous n'avons point à nous en occuper ici, devant avoir l'occasion de l'étudier avec l'article 2175.

207. Nous passons donc immédiatement à la seconde, et nous nous demandons si le tiers détenteur peut encore invoquer aujourd'hui l'exception à raison d'hypothèques antérieures.

En droit romain, quand plusieurs créanciers avaient hypothèque sur un même immeuble, le premier en rang d'hypothèque avait seul le droit de faire vendre par autorité de justice les choses hypothéquées ; les créanciers postérieurs n'avaient que le *jus offerendi*, c'est-à-dire la faculté d'offrir au premier créancier de le désintéresser en le payant, et par là d'acquérir leur subrogation en son lieu et place. De telle sorte que s'ils avaient voulu saisir et vendre l'immeuble avant d'avoir rempli cette formalité, le détenteur, qui avait lui-même, avant son acquisition, des hypothèques sur cet immeuble préférables à celles des créanciers poursuivants, pouvait les arrêter temporairement au moyen d'une exception. Cette exception était passée avec quelques modifications dans notre ancien droit.

Aujourd'hui, il n'en est plus ainsi. Tout créancier hypothécaire, dont la créance est échue, quel que soit son rang, fût-il le dernier, a le droit de provoquer la saisie et la vente de l'immeuble hypothéqué entre les mains du tiers détenteur (art. 2169). Il en a le droit, alors même qu'à raison de son rang hypothécaire il est à présumer qu'il ne pourra venir en ordre utile lors de la distribution du prix, celui-ci étant insuffisant pour éteindre toutes les créances. On conçoit dès lors l'inutilité d'une exception analogue à celle dont nous venons de reconnaître l'existence en droit romain et dans le vieux droit français.

208. La troisième exception dont nous avons ici à nous occuper, est l'exception *cedendarum actionum*. La loi dans l'article 2037 l'accorde à la caution ; d'après cet article, l'exception est recevable toutes les fois que le créancier poursuivant a, par son fait, rendu impossible la subrogation pleine et entière de la caution dans tous ses droits et actions contre le débiteur principal ou contre les tiers détenteurs d'immeubles hypothéqués à la même dette.

Nous avons vu que dans l'ancien droit on admettait assez généralement le tiers détenteur à opposer la même exception. Aujourd'hui la question est controversée, et trois systèmes sont en présence.

208 *bis*. Dans un premier système, on accorde toujours l'exception au tiers détenteur, le motif qui a poussé le législateur à l'accorder à la caution étant ici le même.

208 *ter*. M. Troplong (1) de son côté fait une distinction analogue à celle qui est faite par l'article 2171 pour le bénéfice de discussion. En d'autres termes, d'après lui, l'exception

(1) Troplong, t. III, n° 789 *bis*.

cedendarum actionum ne peut être opposée par le tiers détenteur qu'au créancier ayant hypothèque générale sur l'immeuble, jamais au créancier ayant privilége ou hypothèque spéciale.

208 *quater*. Ce système a été longtemps celui de la jurisprudence. Mais depuis 1840, la Cour de cassation décide d'une manière constante que le tiers détenteur n'a jamais l'exception de cession d'actions, et qu'il ne peut pas arrêter les poursuites du créancier, sous prétexte que celui-ci aurait négligé de conserver les droits, hypothèques et priviléges qui formaient les sûretés de sa créance.

Et en effet, si la caution jouit de cette exception, c'est uniquement parce que l'article 2037 le lui accorde en termes formels; or aucun texte ne parle du tiers détenteur : *qui dicit de uno, negat de altero.*

D'ailleurs le motif qui a dicté l'article 2037 ne trouve pas ici son application. La caution peut refuser de payer, lorsque le créancier a par sa faute omis de conserver les sûretés de sa créance, parce que si elle s'est engagée, si elle est intervenue au contrat originaire, c'était en considération de l'hypothèque ou du privilége, qui garantit si efficacement la créance, et sur lequel elle pouvait légitimement compter pour assurer son recours contre le débiteur. Dès lors le créancier, en acceptant la caution, s'est virtuellement engagé envers elle à maintenir la subrogation de l'article 1251 avec tous ses effets, et à ne rien faire qui puisse nuire à son recours contre le débiteur principal. Tout autre est la situation du tiers détenteur, qui n'a jamais été partie au contrat originaire, avec lequel, par conséquent, aucun engagement n'a été pris, et qui, s'il est tenu de la dette, n'en est tenu qu'accidentellement.

CHAPITRE SIXIÈME.

Règles communes aux différents partis que peut prendre le tiers détenteur.

209. Pour compléter l'étude des droits et obligations du tiers détenteur en présence des créanciers hypothécaires, nous avons à examiner certaines règles communes aux différents partis qu'il peut prendre. Ces règles, au nombre de quatre, sont édictées par les articles 2175 à 2178, et ont trait :

1° Aux détériorations et améliorations survenues à l'immeuble, pendant qu'il était entre les mains du tiers détenteur (art. 2175);

2° A la restitution des fruits de l'immeuble hypothéqué, et à leur répartition entre les créanciers hypothécaires (art. 2176) ;

3° Aux servitudes et autres droits réels que le tiers détenteur avait sur l'immeuble avant sa possession, et aux hypothèques qui ont pu être acquises par ses créanciers personnels (art. 2177) ;

4° Au recours en garantie ouvert au tiers détenteur contre le débiteur principal (art. 2178).

210. La première de ces règles trouve son application lorsque le tiers détenteur délaisse, lorsqu'il se laisse exproprier, et lorsqu'en cas de purge, l'adjudication sur surenchère a lieu au profit d'un tiers. Les deux règles suivantes sont communes au délaissement et à l'expropriation. Quant à la quatrième règle, elle s'applique non-seulement à ces deux cas, mais aussi à celui où le tiers détenteur paie la dette hypothécaire, et à celui où il remplit les formalités de la purge.

§ 1er.

211. La première règle, formulée par l'article 2175, a un double but. D'une part, en effet, le tiers détenteur qui a détérioré l'immeuble, soit par son fait positif, soit même par sa simple négligence, doit indemniser les créanciers hypothécaires du dommage qu'il leur a causé. D'autre part et réciproquement, il peut répéter ses impenses et améliorations, mais seulement dans la mesure de la plus-value procurée à l'immeuble (art. 2175).

212. *Détériorations.* — Le tiers détenteur ne doit compte aux créanciers que des détériorations qui procèdent de son fait ou de sa négligence. Ainsi, quelque considérables que soient les détériorations, jamais elles ne donneront lieu à indemnité, si elles proviennent d'une cause naturelle ou d'un cas fortuit, tels qu'un incendie ou une inondation. A ce point de vue, l'article 2175 n'a fait que reproduire une distinction qui existait déjà dans notre ancien droit.

213. Mais on faisait dans notre ancienne jurisprudence une autre distinction. Parmi les détériorations, celles-là seulement donnaient lieu à indemnité, qui étaient survenues à l'immeuble *après la demande en déclaration d'hypothèque.* En effet, dit Loyseau (1), « depuis que le tiers détenteur a été ajourné pour passer titre nouvel de la rente, ou que l'on a conclu contre lui en action hypothécaire à délaisser l'héritage ou à payer la rente, il ne peut plus toucher à l'héritage au préjudice du créancier, auquel il est plus particulièrement affecté au moyen de cette poursuite : il faut, après la condamnation, qu'il le délaisse tel qu'il était lors de la demande. » Quant aux détériorations survenues à l'immeuble avant les poursuites des créanciers, le tiers détenteur n'en devait pas compte. « Le tiers détenteur, dit Pothier, ne peut être condamné à autre chose qu'au délai de l'héritage, en l'état où il se trouve : il n'est point tenu des dégradations qu'il y a faites avant la demande; car il a pu négliger un hé-

(1) Loyseau, *Du Déguerpissement*, nos 7 et suiv.

ritage qui lui appartenait, et le dégrader. Cette décision a lieu, quand même ce tiers détenteur aurait eu connaissance de l'hypothèque, et même dans le cas auquel il aurait été déjà assigné en interruption. »

Aujourd'hui il n'en est plus ainsi. En vertu de l'article 2175, le tiers détenteur doit compte de toutes les dégradations provenant de son fait ou de sa négligence, à quelque époque qu'elles aient été commises, soit avant, soit après la sommation de payer ou de délaisser. M. Pont (1) a essayé de justifier cette différence entre les deux législations. Autrefois, l'hypothèque étant occulte, le détenteur ignorait jusqu'à la demande formée contre lui qu'il y eût des tiers ayant un droit réel sur son immeuble. Aujourd'hui, au contraire, l'inscription a dû lui révéler les charges dont son immeuble était grevé. Si donc il détériore cet immeuble, qu'il sait être le gage des créanciers, il est juste qu'il soit tenu des dégradations; car il ne peut plus invoquer la maxime : *Qui quasi rem suam neglexit, nulli querelæ subjectus est.*

Cette explication ne nous satisfait pas complétement. Nous avons vu que, d'après Pothier, le tiers détenteur n'était pas tenu des détériorations survenues avant la demande, alors même qu'il avait eu connaissance de l'hypothèque, alors même qu'il avait été déjà assigné en interruption, et que l'hypothèque avait été ainsi officiellement reconnue. Loyseau n'est pas moins formel. Après avoir dit que le tiers détenteur a pu user et disposer à son plaisir et volonté de l'héritage qui était sien et qu'il avait loyalement acquis, sans savoir qu'un autre y prétendît droit, il ajoute : « Ce que j'estime être vrai, supposé même qu'il sût bien que l'héritage était hypothéqué.... » L'explication donnée par M. Pont se trouve donc ici en défaut, puisqu'elle est basée sur ce fait que le tiers détenteur aurait ignoré, au moment de l'acquisition, que l'immeuble acquis par lui, était affecté de droits réels au profit de tiers.

Le véritable motif qui a porté nos anciens auteurs à décider que les dégradations survenues à l'immeuble après la demande en déclaration d'hypothèque donneraient seules droit à indemnité, nous est donné par Pothier lui-même à la fin du fragment dont nous citions plus haut le commence-

(1) Pont, n° 1199.

ment : « Tant que l'on ne donne pas contre le tiers détenteur la demande hypothécaire, aux fins de délaisser l'héritage, il demeure maître de faire de son héritage ce que bon lui semble; *et il peut penser que le créancier trouve son débiteur personnel suffisant.* » Le législateur français a pensé au contraire que cette espérance ne suffisait pas pour autoriser le tiers détenteur à détériorer ou laisser détériorer l'immeuble hypothéqué, et il a en conséquence décidé qu'il était responsable des dégradations dès le jour où il est devenu propriétaire. De ces deux solutions, laquelle est la plus juste ? C'est ce qu'il serait difficile de dire d'une manière absolue. En tout cas la loi est ainsi faite et nous n'avons qu'à nous incliner devant elle.

214. L'action en indemnité n'est ouverte qu'au profit des créanciers privilégiés ou hypothécaires : eux seuls ont le droit de s'en prévaloir à l'exclusion des créanciers chirographaires, parce que eux seuls ayant un droit réel sur l'immeuble, peuvent dire qu'il a été détérioré à leur préjudice.

215. Même parmi les créanciers hypothécaires ou privilégiés, le bénéfice de l'action appartient seulement à ceux-là sur lesquels les fonds ont manqué. Ainsi, un immeuble d'une valeur de 50,000 francs est, je suppose, hypothéqué à deux créanciers; chacun est créancier d'une somme de 25,000 francs. Ce fonds est détérioré, et ne vaut plus que 40,000 francs. Le premier créancier, celui qui est préférable à l'autre à cause de la date de son hypothèque, n'éprouve aucun préjudice. Le second, au contraire, par suite des détériorations perdra 10,000 francs; c'est à lui qu'appartient le droit de demander la réparation du dommage. L'action en indemnité appartient donc aux créanciers privilégiés ou hypothécaires suivant l'ordre de leurs inscriptions.

216. Les coupes de bois taillis ou de hautes futaies mises en coupes réglées ne doivent point être rangées parmi les détériorations. Ces coupes de bois sont regardées par la loi comme des fruits (art. 591); or le tiers détenteur a droit aux fruits jusqu'au jour de la sommation de payer ou de délaisser (art. 2176).

217. Mais si le détenteur faisait abattre des bois de haute futaie non aménagés, faudrait-il y voir une détérioration qui pût donner lieu à l'action en indemnité? Non, répond

M. Troplong (1), « une futaie n'est pas comme une maison; elle est destinée tôt ou tard à être coupée, au lieu qu'une maison est faite pour rester debout. Si donc le propriétaire fait couper la futaie sans fraude pour ses besoins et à l'époque favorable pour cela, je ne crois pas que ce soit une dégradation : c'est l'usage légitime d'un droit; c'est remplir la destination naturelle d'une futaie; les créanciers doivent s'imputer de s'être contentés d'un gage si fragile ».

Peut-être faudrait-il admettre de préférence la théorie de l'article 592 et décider que le tiers détenteur ne peut toucher aux arbres de haute futaie : il pourrait seulement employer, pour faire les réparations dont il est tenu, les arbres arrachés ou brisés par accident; il pourrait même en faire abattre pour cet objet, mais seulement en cas d'absolue nécessité. En tout cas, il n'est pas vrai de dire que les arbres de haute futaie sont toujours destinés tôt ou tard à être coupés; la plupart du temps, au contraire, ils forment le plus bel ornement des propriétés, où ils sont à perpétuelle demeure. Telle était d'ailleurs la solution qui prédominait dans notre ancienne jurisprudence, ainsi qu'il résulte d'un arrêt rapporté par Basnage. « Comme un créancier ou un acquéreur, dit-il, peut veiller pour la conservation de ses hypothèques, et empêcher qu'elles ne soient affaiblies ou diminuées par la détérioration des biens qui lui sont hypothéqués, il fut jugé le 10 avril 1653 que celui qui avait acheté des bois de haute futaie était tenu de bailler caution aux créanciers du prix du bois qu'il faisait abattre, parce que la valeur du fonds était diminuée par cette coupe. »

218. *Améliorations.* — D'après l'article 2133, toutes les améliorations survenues au fonds hypothéqué, qu'elles proviennent d'une cause naturelle ou du fait du tiers détenteur, sont soumises à l'hypothèque, et forment le gage des créanciers, comme le fonds lui-même : car hypothéquer un immeuble, c'est l'affecter dans toutes ses qualités et, par suite, dans ses améliorations éventuelles. Mais les améliorations provenant du fait du tiers détenteur ne profitent aux créanciers hypothécaires, que sous l'obligation d'indemniser le tiers détenteur

(1) Troplong, t. III, n° 834.

de ses dépenses, jusqu'à concurrence de la plus-value qui en est résultée (art. 2175 *in fine*).

219. On peut se demander de quelles dépenses l'article 2175 a entendu parler. Nous savons qu'il y en a quatre sortes : dépenses d'entretien, dépenses voluptuaires, dépenses utiles et dépenses nécessaires.

220. Tout d'abord nous pouvons écarter les dépenses de simple entretien et les dépenses voluptuaires. Ni les unes ni les autres ne donnent jamais lieu à indemnité. Les premières, en effet, sont une charge des fruits. Les secondes sont le résultat d'un pur caprice de la part du tiers détenteur qui les a aites. Ainsi, s'il a fait poser des glaces dans les appartements, ou s'il a fait placer des statues dans des niches pratiquées exprès pour les recevoir, il n'a droit à aucune indemnité, alors même que l'immeuble en aurait augmenté de valeur. La loi lui permet seulement de faire enlever ces ouvrages, pourvu toutefois que cet enlèvement s'effectue sans dégradations, et à charge par lui de remettre les lieux dans leur ancien état.

221. Quant aux dépenses nécessaires, sans lesquelles le fonds aurait dépéri, la question de savoir si elles sont comprises dans l'article 2175, en d'autres termes, si le tiers détenteur peut les répéter en entier ou seulement jusqu'à concurrence de la plus-value est, très-controversée.

M. Pont (1) soutient que l'article 2175 est applicable à toute sorte de dépenses, et que les dépenses nécessaires, comme les autres, ne peuvent être répétées que jusqu'à concurrence de la plus-value.

D'autres auteurs pensent que le tiers détenteur peut répéter en entier ses dépenses nécessaires. Cette dernière opinion a été consacrée par un arrêt de la Cour de cassation en date du 11 novembre 1824 :

« Attendu en fait, que les dépenses faites étaient nécessaires à la conservation de l'édifice ; que les articles 2103 et 2175 du Code civil, qui restreignent le privilége au montant de la plus-value, ne sont pas applicables à cette espèce, puisque l'article 2103 ne parle que d'ouvrages utiles à la vérité, mais volontaires et auxquels l'existence de la chose n'est pas atta-

(1) Pont, n° 1206.

chée; qu'il en est de même de l'article 2175 qui ne s'occupe que d'impenses et améliorations; que l'arrêt attaqué n'est donc en opposition avec aucun de ces articles en décidant que la créance privilégiée est de toute la dépense et des frais qu'il a fallu faire pour la conservation de la chose; que l'acquéreur n'était pas libre de s'en dispenser; qu'au contraire, en le considérant comme tiers détenteur, il était passible, aux termes de l'article 2175, des dégradations qui seraient provenues de sa négligence;

« La Cour rejette....

222. Après avoir ainsi limité la portée de l'article 2175 aux dépenses utiles, il convient maintenant de rechercher ce que les créanciers doivent rembourser au tiers détenteur. Si la dépense est plus forte que la plus-value, pas de difficulté; le texte est formel : le tiers détenteur ne peut répéter ses dépenses que jusqu'à concurrence de la plus-value, c'est donc cette dernière somme qui sera remboursée.

223. Mais que décider si la plus-value est plus considérable que la dépense? Déjà nos anciens auteurs, après les jurisconsultes romains, s'étaient occupés de la question, et Loyseau l'avait résolue en ces termes : « Le détenteur *reprend toujours ce qui est en moins :* c'est pourquoi on joint en pratique les deux mots d'impenses et améliorations, parce que ni l'un ni l'autre n'est repris absolument; mais l'un sert de restriction à l'autre. »

Ce texte est très-important; car il nous indique la différence que les jurisconsultes reconnaissent entre les deux mots *impenses* et *améliorations*, en même temps qu'il nous en donne le sens exact. Le législateur moderne les ayant reproduits l'un et l'autre dans l'article 2175, il y a tout lieu de penser qu'il n'a pas voulu leur ôter le sens qu'ils avaient toujours eu dans l'ancien droit. Le rapprochement de ces deux expressions dans l'article précité nous fait donc croire que le tiers détenteur doit encore aujourd'hui reprendre toujours ce qui est en moins.

A l'appui de cette interprétation nous pouvons invoquer, par analogie, la situation que l'article 555 du Code civil fait au possesseur de bonne foi, qui a construit sur le terrain d'autrui. On sait que le propriétaire du fonds a le choix de lui rembourser, soit la valeur des matériaux et du prix de la main-d'œuvre, soit une somme égale à celle dont le fonds a augmenté de valeur, suivant que l'une est inférieure à l'autre. Ici donc le possesseur de bonne foi reçoit également toujours ce qui est en moins. On nous objecte, il est vrai, que si l'article 555 accorde un tel avantage au propriétaire du fonds, c'est précisément à cause de sa qualité de propriétaire; au contraire, dans l'hypothèse qui nous occupe, ce serait précisément le détenteur, propriétaire du fonds, c'est-à-dire celui que la loi voit avec tant de faveur, aux dépens duquel le choix s'exercerait. A cela il est facile de répondre qu'entre le possesseur de bonne foi et le tiers détenteur, le plus digne des faveurs de la loi est encore le possesseur de bonne foi qui, ignorant sa situation, a agi comme un véritable propriétaire, et a traité la chose possédée comme sienne. Le tiers détenteur, au contraire, a agi en parfaite connaissance de cause; il a acheté l'immeuble, sachant qu'il était hypothéqué; il a fait des dépenses, sachant que d'un moment à l'autre il pouvait être exproprié : il s'est donc exposé de gaieté de cœur à toutes les conséquences fâcheuses qui peuvent résulter de sa situation.

Enfin, et nous empruntons cette dernière considération à M. Pont (1), en ceci la raison d'équité est encore satisfaite, puisque d'une part le tiers détenteur reçoit réellement ce qu'il a déboursé, et que d'une autre part, si les créanciers font un bénéfice, ce n'est pas du moins à ses dépens ni avec son argent.

224. Une question très-importante nous reste à examiner. Comment la loi garantit-elle au détenteur le remboursement des dépenses qu'il a faites ? Les auteurs sont très-partagés. Les uns, parmi lesquels MM. Persil, Grenier et Troplong (2), accordent au tiers détenteur un privilége analogue à celui des articles 2102, n° 3 et 2103, n° 4 : c'était la solution de notre ancien droit. Les autres, et M. Tarrible (3) est du nombre, lui accordent, à l'instar du droit romain, le droit de retenir la possession de l'immeuble jusqu'après le remboursement intégral de ses impenses et améliorations. D'autres

(1) Pont, n° 1207.

(2) Persil, art. 2175, n° 6; — Grenier, t. II, n° 336; — Troplong, t. III, n° 836.

(3) Tarrible, v° *Privilége*, sect. IV, n° 5.

enfin, lui dénient à la fois le privilége et le droit de rétention, et ne lui attribuent contre les créanciers qu'une action personnelle fondée sur la *versio in rem*, qui s'est opérée à leur profit. Cette dernière opinion est celle de la jurisprudence et de la majorité des auteurs (1). Voici comment on peut la justifier.

Le tiers détenteur n'a point le droit de rétention, puisque la loi ne le lui accorde pas. Par la même raison, il ne peut prétendre à aucun privilége qui, plus que tout autre, doit être fondé sur un texte formel de la loi, et non sur des analogies, quelque frappantes qu'elles puissent paraître. Or, rien de semblable n'existe dans l'article 2175; il n'y est en effet question que du droit qui appartient au détenteur de répéter ses impenses. La loi reconnaît et consacre sa créance; elle ne dit pas comment il la recouvrera.

Mais alors, dit-on, le droit du tiers détenteur n'est plus suffisamment protégé; car il ne peut répéter ses dépenses qu'après le payement des créanciers hypothécaires, qui profiteront ainsi des améliorations sans en rembourser le prix. Je n'irai pas jusque-là. Dans l'exercice de son droit de répétition, le tiers détenteur doit être admis à primer les créanciers. En effet, si l'article 2175 lui accorde ce droit de répétition, c'est parce qu'il a pu se considérer comme véritable propriétaire des ouvrages qu'il a faits. La conséquence de ceci, c'est que la valeur de ces impenses ne doit pas entrer en compte dans la procédure d'ordre et de répartition, car le propriétaire prime les créanciers (2).

§ 2.

225. La seconde règle, celle qui est posée par l'article 2176, a pour objet les fruits de l'immeuble hypothéqué. L'existence de l'hypothèque n'empêche pas que le tiers détenteur ne soit propriétaire même à l'égard des créanciers inscrits. Il peut donc jouir de la chose et faire les fruits siens, dès l'instant de

(1) Pont, n° 1208; — Duranton, t. XX, n° 212; — Taulier, t. VII, p. 381; — Dalloz, v° *Privilége*, p. 352; — Mourlon, *Répétit. écrit.*, t. III, n° 1658.

(2) Arrêt de la Cour de Toulouse du 30 mars 1860.

son acquisition. Mais sa position change du moment où des poursuites hypothécaires sont dirigées contre lui. Dès lors, en effet, qu'il lui a été fait sommation de payer ou de délaisser, il est averti que les créanciers entendent exercer leur droit sur l'immeuble; il sait désormais que le débiteur personnel ne peut pas acquitter sa dette. Il devient donc, à compter du jour de cette sommation, responsable envers les créanciers de tous les fruits naturels, industriels ou civils produits par l'immeuble.

226. Si les poursuites commencées ont été abandonnées pendant trois ans, la sommation est considérée comme non avenue, et les fruits perçus pendant ces trois années appartiennent, comme ceux des années précédentes, au tiers détenteur. Si, passé ce délai, le créancier veut faire de nouveau les fruits siens, il doit faire une nouvelle sommation; mais alors les fruits ne lui sont dus qu'à compter de cette nouvelle sommation.

Cette disposition de l'article 2176 *in fine* est très-sage. La marche de la procédure peut, en effet, être entravée par la négligence des créanciers ou toute autre cause; plusieurs années peuvent ainsi s'écouler depuis la sommation, avant que l'expropriation n'ait lieu. De là un grand danger pour les tiers détenteurs qui auraient vu les fruits à restituer s'accumuler chaque année, si le législateur n'avait jugé à propos d'y imposer une limite.

227. La péremption d'instance a ici lieu de plein droit, à la différence des péremptions ordinaires, qu'il faut demander (art. 399 C. pr. civ.). Par conséquent, une fois les trois années écoulées, on a beau continuer la procédure, la sommation reste sans effet.

228. Les fruits perçus depuis la sommation sont immobilisés, et le prix en provenant est distribué aux créanciers hypothécaires par ordre d'inscriptions.

M. Tarrible a soulevé sur ce point une difficulté. S'appuyant sur l'article 682, il soutient que les fruits ne sont immobilisés qu'à partir de la transcription de la saisie, et qu'en conséquence ceux-là seuls doivent être distribués aux créanciers hypothécaires, par préférence aux créanciers chirographaires. Quant aux fruits perçus entre la sommation et la transcription, ils seraient meubles, et le prix devrait en être distribué par contribution au marc le franc, entre tous les créanciers, tant chirographaires qu'hypothécaires et privilégiés.

Cette opinion a contre elle la jurisprudence et la majorité des auteurs. M. Tarrible confond deux choses qu'il importe de distinguer. L'article 682 du Code de procédure civile prévoit une tout autre hypothèse que celle prévue par l'article 2176. L'article 2176 suppose que l'expropriation est réalisée sur le tiers détenteur ou que l'immeuble a été délaissé par lui. L'article 682 du Code de procédure suppose, au contraire, que la saisie de l'immeuble est pratiquée sur le débiteur lui-même. Dans le premier cas, les fruits sont immobilisés à partir de la sommation; dans le second, au contraire, l'immobilisation n'a lieu qu'à partir de la transcription de la saisie.

§ 3.

229. La troisième règle, formulée par l'article 2177, est complexe. D'une part, cet article nous dit que les servitudes et droits réels que le tiers détenteur avait sur l'immeuble avant sa possession, renaissent après le délaissement ou après l'adjudication faite sur lui. D'autre part, il ajoute que les créanciers personnels du tiers détenteur, après tous ceux qui sont inscrits du chef des précédents propriétaires, exercent leur hypothèque à leur rang sur le bien délaissé ou adjugé.

Il semble, au premier abord, qu'une véritable antinomie existe entre ces deux dispositions. En effet, de deux choses l'une : ou bien l'acquisition du tiers détenteur est résolue rétroactivement, et alors, si on comprend le rétablissement des servitudes et autres droits réels après l'adjudication, on ne s'explique pas que les hypothèques acquises contre le tiers détenteur puissent également avoir un effet quelconque sur l'immeuble adjugé. Ou bien, le tiers détenteur est dessaisi seulement par l'adjudication ou le délaissement, c'est-à-dire dessaisi sans effet rétroactif; mais alors on ne comprend plus la disposition contenue dans la première partie de l'article 2177.

La vérité est que le tiers détenteur a été et reste véritablement propriétaire jusqu'au délaissement ou à l'adjudication, qui le dépouillent ainsi sans aucun effet rétroactif. Seulement, le législateur poussé par un sentiment d'équité, qui d'ailleurs ne cause aucun préjudice aux créanciers du débiteur principal, fait renaître les servitudes et autres droits réels au profit de ce propriétaire évincé.

230. Ainsi, aux termes de l'article 2177, premier alinéa, les servitudes et droits réels que le tiers détenteur avait sur le fonds avant son acquisition, renaissent après le délaissement. Je suppose, par exemple, que j'acquière un fonds hypothéqué, et de plus grevé d'une servitude au profit de l'un de mes immeubles. Celui de qui je tiens ce fonds ne paie pas les créanciers auxquels il l'a hypothéqué; ceux-ci me poursuivent : je délaisse ou je subis l'expropriation. La servitude éteinte par l'acquisition qui réunit dans la même main le fonds dominant et le fonds servant, revit après le délaissement ou après l'adjudication.

Les hypothèques du tiers détenteur revivent, comme les servitudes, mais elles ne peuvent être exercées, qu'autant qu'elles ont été conservées, conformément à l'article 2154, par un renouvellement décennal.

231. Quant au second alinéa de l'article 2177, ainsi conçu : « Les créanciers personnels (du tiers détenteur), après tous ceux qui sont inscrits sur les précédents propriétaires, exercent leur hypothèque à leur rang, sur le bien délaissé ou adjugé » ; c'est une conséquence du principe, d'après lequel tout propriétaire, ayant capacité d'aliéner, peut hypothéquer sa propriété.

Il faut toutefois remarquer que ces hypothèques ne peuvent prendre rang qu'après celles qui existaient déjà au moment de l'acquisition, du chef des précédents propriétaires. Cela ne souffrait aucune difficulté sous l'empire des principes purs du Code civil, alors que la vente suffisait à elle seule pour arrêter le cours des inscriptions. Mais depuis, l'article 834 du Code de procédure civile était venu modifier cet état de choses, en permettant de prendre inscription jusqu'à la transcription, et même quinze jours après la transcription. Dès lors il pouvait se faire que l'hypothèque du créancier du tiers acquéreur fût inscrite avant celle du créancier du vendeur. De là, grande difficulté pour savoir auquel de ces deux créanciers donner la préférence.

La loi du 23 mars 1855 est venue mettre fin à la controverse, en décidant que l'acheteur ne devenait propriétaire à l'égard des tiers que par la transcription de l'acte de vente. Les créanciers de l'acheteur ne peuvent donc pas inscrire leur hypothèque avant la transcription, puisque avant l'accomplissement de cette formalité leur débiteur n'a aucun droit sur l'immeuble. Réciproquement les créanciers du vendeur ne peuvent pas inscrire leur hypothèque après la transcription, puisque c'est par elle que leur débiteur cesse d'être propriétaire. Il en résulte que la difficulté que nous signalions tout à l'heure, ne peut plus se présenter; aujourd'hui les créanciers du vendeur priment toujours et sans contestation possible, les créanciers du tiers détenteur.

§ 4.

232. La quatrième règle, édictée par l'article 2178, est relative au recours que peut exercer le tiers détenteur qui a payé, délaissé, subi l'expropriation, ou même rempli les formalités de la purge.

233. Il arrive souvent que l'aliénateur est en même temps le débiteur de la dette pour la sûreté de laquelle l'immeuble aliéné a été hypothéqué. Mais il peut aussi se faire, — nous avons déjà eu l'occasion de le remarquer, — que celui de qui le tiers acquéreur tient l'immeuble et le débiteur de la dette soient deux personnes différentes. Voulant, par exemple, offrir une garantie aux créanciers d'un ami, j'hypothèque un de mes immeubles au paiement de sa dette; c'est l'hypothèse de la caution réelle. Ou bien, j'achète un immeuble hypothéqué que je cède ensuite à une autre personne. Dans l'un comme dans l'autre cas, j'ai vendu un immeuble hypothéqué, sans être moi-même débiteur de la dette au paiement de laquelle cet immeuble est affecté. Le tiers détenteur, qui a subi les poursuites des créanciers, aura donc un double recours : contre le débiteur de la dette, il aura une action *negotiorum gestorum* : contre moi, qui lui ai vendu l'immeuble, une action en garantie pour cause de trouble ou d'éviction.

Le tiers détenteur qui a payé, subi l'expropriation, ou qui

est resté, en purgeant, adjudicataire de l'immeuble, a évidemment l'action *negotiorum gestorum* contre le débiteur ; car s'il a agi dans son intérêt, cela n'en a pas moins profité au débiteur. Il n'en est pas de même du tiers détenteur qui a simplement délaissé, le délaissement n'ayant pas pour effet d'éteindre la dette, qui subsiste toujours contre le débiteur.

L'action en garantie contre l'aliénateur appartient au tiers qui a payé, délaissé, subi l'expropriation, ou qui en purgeant n'est pas resté adjudicataire de l'immeuble. Ce recours varie suivant que le titre d'acquisition est à titre onéreux ou à titre gratuit. On sait en effet que le donateur n'est garant de l'éviction que *dotis causa* (art. 1440, 1547).

234. Il ne faut pas oublier que le détenteur, qui a éteint la dette, est subrogé à tous les droits du créancier. Cette subrogation est un avantage que la loi accorde à l'acquéreur qui emploie le prix de son acquisition au paiement des créanciers auxquels l'héritage par lui acquis était hypothéqué (art. 1251-2°).

235. Bien que dans ses termes, le deuxième alinéa de l'article 1251 ne semble prévoir que le cas de purge, il est évident que la subrogation doit appartenir également à tout tiers détenteur qui, sans purger, consent à payer les créanciers, que ce tiers détenteur soit un donataire ou un acheteur, alors même que ce dernier emploierait à les désintéresser une somme plus forte que le prix d'acquisition, alors même que ce prix aurait déjà été payé entre les mains du vendeur.

En un mot, la subrogation a lieu au profit de tous ceux qui paient les créanciers auxquels l'immeuble qu'ils détiennent est hypothéqué. En effet, l'article 1251, troisième alinéa, dit que la subrogation a lieu de plein droit au profit de celui qui, étant tenu avec d'autres ou pour d'autres au paiement de la dette, avait intérêt de l'acquitter. Or le tiers détenteur est tenu pour un autre, puisqu'il n'est pas personnellement débiteur de la dette ; il a certainement intérêt à l'acquitter, puisqu'il dégage par là son fonds de l'hypothèque et se met à l'abri des poursuites hypothécaires ; donc s'il paie, il est de plein droit subrogé dans les droits et actions des créanciers qu'il a désintéressés.

236. Le tiers détenteur est subrogé contre le débiteur principal; cela ne fait pas de doute. Mais on s'est demandé

s'il était subrogé contre les autres tiers détenteurs. Je crois que oui; le tiers détenteur peut exercer les droits et actions du créancier contre les autres tiers détenteurs (1); mais il n'a de recours contre eux que pour la part que chacun d'eux doit définitivement supporter dans la dette, ainsi que l'article 875 du Code civil le décide pour le cohéritier qui, par l'effet de l'hypothèque, a payé au delà de la dette héréditaire. Il ne peut donc point, comme l'aurait pu faire le créancier hypothécaire, auquel pourtant il est subrogé, agir pour le tout contre les autres tiers détenteurs d'immeubles hypothéqués à la même dette. Le danger de recours répétés de tiers détenteur à tiers détenteur justifie suffisamment cette modification aux effets ordinaires de la subrogation et de l'hypothèque. D'ailleurs, ainsi que nous venons de le dire, la loi elle-même nous en donne l'exemple dans l'article 875.

237. Une autre question, qui présente un grand intérêt quand le débiteur est insolvable, est celle de savoir si le détenteur, qui a éteint la dette, est subrogé contre la caution, ou si, au contraire, la caution, après avoir payé les créanciers, est subrogée contre le tiers détenteur.

Je ne parle ici que pour mémoire du système de Pothier, qui accorde indifféremment à celui des deux qui aura payé, le droit de recourir contre l'autre. Tout le monde est d'accord aujourd'hui pour repousser ce système bizarre, qui laisse tout au hasard, qui permet au caprice du créancier de faire peser la dette sur qui il lui plaît, et chose étrange, sur celui-là même qu'il n'a pas attaqué.

Il reste donc en présence deux systèmes. Je n'hésite pas à adopter celui qui accorde la subrogation à la caution contre le tiers détenteur, et qui refuse tout recours au tiers détenteur contre la caution.

Pour démontrer la première partie de ce système, j'invoque le troisième alinéa de l'article 1251, ainsi conçu : « La

(1) Un arrêt de la Cour de Toulouse du 19 février 1827 a même décidé que le tiers détenteur qui s'est libéré sans purger, s'il est poursuivi par un créancier inscrit, peut, avant d'avoir payé ce créancier, et conséquemment avant d'être subrogé à ses droits, demander contre les tiers détenteurs d'autres immeubles également soumis à l'hypothèque du créancier poursuivant, la fixation de la part contributive de chacun au paiement de la créance hypothécaire.

subrogation a lieu de plein droit au profit de celui qui, étant tenu avec d'autres ou pour d'autres au paiement de la dette, avait intérêt à l'acquitter. » La caution est tenue avec un autre, puisque dans l'espèce, elle est tenue accessoirement avec le tiers détenteur au paiement de la même dette. Elle a intérêt à l'acquitter, puisque par là elle se dérobe aux poursuites des créanciers. Donc elle est subrogée de plein droit contre le tiers détenteur qui, grâce à ce paiement, n'a pas été inquiété dans la possession de l'immeuble hypothéqué.

J'ajoute que le tiers détenteur, qui a payé les créanciers, n'a pas de recours contre la caution ; autrement ce serait retomber dans le système de Pothier, que nous avons cru devoir écarter. Voici d'ailleurs comment on peut justifier en droit et en équité cette préférence donnée à la caution.

En droit, l'article 2037 édicte une disposition toute de faveur pour la caution, en la déchargeant, lorsque le créancier ne peut plus la subroger dans ses droits, hypothèques et privilèges. Or nous avons vu plus haut au n° 208 *quater*, que la même faveur ne pouvait pas être étendue au tiers détenteur. La conclusion à tirer de ceci, c'est que nous devons nous montrer plus favorables à la caution qu'au tiers détenteur, puisque la loi elle-même nous en donne l'exemple.

Cette préférence se justifie également en équité. Si en effet la caution se trouve en présence d'un tiers détenteur qui a acquis l'immeuble hypothéqué à titre gratuit, il est conforme aux règles de la justice que celui *qui certat de damno vitando* soit préféré à celui *qui certat de lucro captando*. — Si nous supposons, au contraire, un acquéreur à titre onéreux en présence de la caution, la conclusion est la même. De deux choses l'une, en effet, ou il doit encore le prix d'achat ou il l'a payé. Doit-il encore son prix ? Aucune considération ne peut le dispenser de le payer à la caution ; il ne peut pas prétendre garder à la fois l'immeuble et le prix. S'est-il libéré entre les mains du débiteur son vendeur ? Il y a faute de sa part ; si donc, par suite de l'insolvabilité du débiteur, il se voit forcé de payer une seconde fois entre les mains des créanciers, il est d'autant moins digne d'intérêt, que la loi lui donnait le moyen d'échapper à cette conséquence fâcheuse : il n'avait qu'à remplir les formalités de la purge, et offrir son prix aux créanciers. Au lieu de cela, il a commis la grave imprudence de payer son vendeur ; qu'il en subisse les conséquences. Lui accorder un recours contre la caution, ce serait faire retomber sur elle tout le poids d'une faute, à laquelle elle est complétement étrangère. Supposons maintenant que ce soit la caution qui ait été forcée de payer la dette au lieu et place du débiteur insolvable, sur les poursuites des créanciers ; les mêmes raisons n'existent pas pour lui refuser tout recours contre le tiers détenteur. Ce recours est même le seul moyen pour elle de rentrer dans les fonds qu'elle a déboursés. Le tiers détenteur ne peut d'ailleurs se plaindre, puisque la prudence lui fait un devoir de garder son prix jusqu'à ce que les créanciers qui ont hypothèque sur son immeuble soient désintéressés.

CONCLUSION.

238. Au terme de ce travail, il n'est pas sans intérêt de jeter un regard en arrière sur le chemin que nous venons de parcourir, et d'embrasser d'un seul coup d'œil l'ensemble de notre matière. Nous y voyons tout d'abord le tiers détenteur aux prises avec les créanciers hypothécaires, qui, tous sans exception, peuvent le mettre en demeure par une simple sommation. Le droit de suite étant ainsi mis en mouvement, le tiers détenteur peut opposer aux créanciers poursuivants l'exception de discussion, l'exception de garantie et l'exception pour se faire rembourser ses impenses. Ce débat préjudiciel une fois vidé, le tiers détenteur doit prendre l'un ou l'autre de ces quatre partis : se laisser exproprier, payer, purger, ou bien délaisser.

239. Telle est la situation qui est faite au tiers détenteur par nos lois actuelles. Nous avons maintenant à nous demander s'il ne serait pas possible d'améliorer l'œuvre de nos législateurs, et d'y apporter quelques-unes de ces modifications réclamées avec tant d'ardeur par les partisans de la réforme hypothécaire.

240. On connait les vicissitudes de cette grande réforme, toujours annoncée, jamais réalisée. De 1820 à 1850 l'élan fut immense. Quand le premier mouvement d'enthousiasme que le Code civil excita à sa naissance fut passé, un revirement subit s'opéra dans les esprits ; la critique apercevant les défauts inévitables dans une œuvre si vaste, éleva la voix et les signala avec éclat à la science. Aucune partie du Code civil ne fut alors plus vivement attaquée que le titre des priviléges et des hypothèques. Ce devint une conviction très-répandue que notre régime hypothécaire était déplorable. On alla même jusqu'à le présenter comme un chaos d'éléments hétérogènes, de dispositions inexplicables, d'antinomies insolu-

bles, ne produisant que tourment pour les interprètes et procès pour les justiciables. « Puis est entré dans la lice un homme que la France pleure encore, Casimir Périer, qui voulut l'ordre avec la fermeté d'un grand caractère, et le progrès avec la maturité d'un génie sage et prudent. » En 1827, il ouvrit spontanément un concours sur les modifications à apporter au système hypothécaire, et promit au meilleur travail un prix de trois mille francs. En 1836, à l'occasion d'une pétition présentée à la Chambre des députés, l'urgence d'une réforme hypothécaire parut être reconnue ; et depuis 1830, des vœux pour cette réforme furent émis chaque année par un grand nombre de conseils généraux.

241. Le gouvernement, attentif à ce mouvement des esprits, frappé des résultats qu'il avait déjà produits, et d'ailleurs, comme s'exprimait le ministre de la justice lui-même, « convaincu que l'augmentation toujours croissante du nombre et de l'importance des transactions rendait nécessaires certaines modifications, » décida qu'un projet de loi sur cette matière serait préparé, et consulta en même temps les cours d'appel, ainsi que les facultés de droit, sur les points principaux sur lesquels devait porter la réforme.

Tous répondirent à son appel ; partout chaque question importante relative à la réforme préparée, fut longuement débattue : les professeurs des Facultés de droit apportèrent à cette discussion le concours de leurs lumières, tandis que les magistrats y apportaient celui de leur expérience pratique. C'est alors que la magistrature présenta ce beau spectacle, et que l'on vit ce corps éminemment conservateur, habitué à faire une application rigoureuse de la loi, se mettre à la tête d'un mouvement de réforme dont le besoin se faisait universellement sentir.

242. L'Assemblée nationale s'inspira de ces travaux : un projet de loi lui fut soumis ; déjà il avait été l'objet de deux lectures successives, et peut-être une troisième lecture allait-elle donner satisfaction au vœu général. Mais la seconde délibération avait eu lieu le 22 février 1851 ; les événements politiques qui se précipitèrent, suspendirent, puis empêchèrent définitivement l'examen et le vote du projet de réforme hypothécaire.

243. Depuis lors, la loi du 23 mars 1855 est venue corriger quelques-uns des vices signalés par la critique.

Ainsi le tiers acquéreur ne peut plus être inquiété que par ceux des créanciers hypothécaires de son auteur, qui ont pris inscription avant la transcription de l'acte translatif de propriété, tandis qu'autrefois, en vertu des articles 834 et 835 du Code de procédure civile, ces créanciers pouvaient encore inscrire utilement leurs hypothèques pendant les quinze jours qui suivaient la transcription du contrat. De là des surprises et des mécomptes auxquels les tiers acquéreurs ne sont plus exposés aujourd'hui.

D'autre part, le vendeur qui a inscrit son privilége dans les quarante-cinq jours qui suivent celui du contrat, prime les créanciers hypothécaires du chef de son acheteur, même ceux qui ont pris inscription avant lui. Le vendeur a donc désormais un délai suffisant qui le met à l'abri de toute surprise; s'il le laisse écouler sans prendre inscription, il est en faute, il perdra donc son privilége. Si, au contraire, il est diligent, s'il se conforme aux dispositions de l'article 6 § 2 de la loi du 23 mars 1855, il n'a plus rien à craindre : le débiteur concéderait en vain à ses créanciers, immédiatement après son acquisition, des hypothèques que ceux-ci s'empresseraient de faire inscrire; ces hypothèques n'en seraient pas moins primées par le privilége du vendeur.

Enfin, la loi du 23 mars 1855 a fait cesser un autre abus, en décidant dans son article 7 que l'action résolutoire du vendeur se périme en même temps que son privilége. Sous l'empire du Code civil pur, en effet, l'action résolutoire continuait à subsister, même après l'extinction du privilége, On conçoit facilement les inconvénients d'un tel état de choses. Il avait pour résultat, non-seulement d'apporter les plus grandes entraves aux ventes d'immeubles, mais encore d'enlever toute sécurité au tiers acquéreur, toujours menacé par l'exercice de l'action résolutoire d'un des précédents vendeurs, alors même qu'il avait régulièrement purgé l'immeuble par lui acquis. Tels sont les inconvénients et les dangers auxquels l'article 7 de la loi du 23 mars est venu mettre fin.

244. Mais la loi de 1855 n'a donné qu'une demi-satisfaction à tous ceux qui demandent la révision du titre des priviléges

et des hypothèques. Il ne rentre pas dans notre plan de signaler toutes les réformes qui ont été proposées ; nous nous bornerons simplement à exposer celles qui se rattachent d'une manière directe à notre sujet.

245. Dans ce nombre nous trouvons la suppression du délaissement par hypothèque. « Cette faculté de délaissement, disait M. Bethmont, a produit de véritables abus : outre les frais résultant d'un pareil droit, il fallait redouter encore les incertitudes qu'il suspend sur la propriété. »

C'est qu'en effet, le délaissement n'est pas de l'essence du droit hypothécaire; on peut même dire avec M. Pont, qu'il est contraire au principe des conventions. Voici d'ailleurs comment s'exprimait M. Persil au cours de l'une des discussions qui eurent lieu, en 1850, à l'Assemblée nationale. « Pour venir en aide au tiers détenteur, il n'est pas nécessaire de lui offrir un moyen aussi facile de se délier de son acquisition. On doit tout à un acquéreur qui exécute loyalement ses engagements, en payant ou en offrant de payer intégralement son prix; on ne doit rien à celui qui regarde son titre comme une lettre morte, et qui ne répond aux poursuites légitimes des créanciers qu'en leur offrant la restitution de leur gage. Les créanciers avec leurs droits hypothécaires, ont tous les droits de leur débiteur, et, de même que le tiers détenteur ne pourrait pas éviter les poursuites de celui-ci par la restitution de l'immeuble, de même il ne peut pas empêcher celles des créanciers par un délaissement qui, en définitive, n'est pas autre chose qu'une résolution du contrat par la seule volonté de la personne engagée. L'inexécution des contrats est sans doute une juste cause de résolution, mais pour celui envers qui ils contiennent des engagements, jamais pour ceux qui les ont pris. »

Ce ne sont pas là les seules considérations qui militent en faveur de la suppression du délaissement. M. de Vatimesnil faisait encore observer que la conséquence directe et immédiate de ce droit exorbitant accordé par la loi au tiers détenteur, c'est d'obliger les créanciers à faire nommer un curateur, sur lequel on poursuivra la vente de l'immeuble délaissé. De là des délais et des frais inutiles. Ne serait-il pas plus simple de suivre la saisie contre l'acquéreur? Quel préjudice en résulterait-il pour lui? L'adjudication sur saisie une fois faite, sa situation est identiquement la même que s'il avait délaissé. Plus de poursuites à craindre de la part des créanciers, à l'égard desquels il n'était tenu que *propter rem* et comme détenteur. J'admets que ce soit pour lui un ennui de voir son nom figurer dans une procédure de saisie. Mais il s'y est volontairement exposé, l'inscription lui a révélé qu'il achetait un immeuble grevé d'hypothèque, il a donc agi en parfaite connaissance de cause : qu'il en subisse les conséquences. D'ailleurs il peut encore, s'il le veut, éviter « l'infamie ou l'ignominie » qui, selon l'ancien droit, résultait de la vente et distraction publique des biens. Pour cela, il lui suffit d'offrir son prix aux créanciers, et de remplir les formalités de la purge.

246. Si le délaissement a trouvé de nombreux détracteurs, le bénéfice de discussion n'a pas été moins vivement attaqué. Cette exception, a-t-on dit, quelque équitable qu'elle paraisse, n'est pas dans la rigueur des principes. Le créancier a plusieurs gages affectés à la sûreté de sa créance. C'est à lui qu'il appartient de choisir sur lequel il veut se faire payer. Il ne peut, sans injustice, être contraint de se livrer à une discussion qui retarde son paiement, et à entreprendre des poursuites nouvelles, dans lesquelles il dépense du temps et des frais, alors qu'il a sous la main un immeuble qu'il sait pouvoir assurer son paiement. En un mot, le bénéfice de discussion est inconciliable avec le droit absolu, indépendant et indivisible que lui donne l'hypothèque.

Ces critiques ont trouvé un écho, en 1850, à l'Assemblée nationale, lors des discussions sur la réforme hypothécaire, et M. de Vatimesnil disait dans son rapport : « Le Code civil assimile le tiers détenteur à la caution, mais l'assimilation est inexacte. Le créancier, en contractant avec la caution, sait qu'il n'aura contre elle qu'une action subsidiaire et qu'elle pourra opposer le bénéfice de discussion. S'il ne veut pas être exposé à cette exception dilatoire, c'est à lui d'exiger que la caution renonce au bénéfice de discussion ou s'engage solidairement. Le créancier hypothécaire, au contraire, ne contracte nullement avec le tiers détenteur. L'aliénation ne doit pas rendre la situation du créancier plus mauvaise, en le soumettant à une épreuve, à laquelle il ne serait pas astreint si cette aliénation n'avait pas eu lieu. »

On objecte, et non sans raison, que dans une législation qui admet les hypothèques générales, la raison et l'utilité publique ne permettent pas de laisser le tiers détenteur dans la triste situation qu'elles lui font, parce que les transactions deviendraient plus rares et que le crédit en souffrirait. Aussi faut-il remonter plus haut, et s'attaquer à la cause même du bénéfice de discussion. Qu'on supprime les hypothèques générales, et alors le bénéfice deviendra inutile. C'est ce qu'a compris le législateur belge en 1851 : il a supprimé les hypothèques générales, et cette réforme a entraîné l'abolition du bénéfice de discussion.

247. Cette réforme aurait une autre conséquence non moins importante : le chapitre IX du titre des privilèges et des hypothèques disparaîtrait du Code. Désormais, en effet, toutes les hypothèques, légales ou conventionnelles, étant soumises à la formalité de l'inscription, comme cela se passe en Italie, il n'y aurait qu'un seul mode de purger. Ce mode serait celui indiqué par les articles 2181 à 2192 du Code civil, et l'on reviendrait ainsi au système de la loi de brumaire, dont le législateur français n'aurait jamais dû s'écarter.

248. Telles sont les modifications que nous réclamons avec tant d'autres, et qui malheureusement ne paraissent pas près de se réaliser. En septembre 1832, M. Troplong écrivait en tête de son remarquable ouvrage sur les hypothèques : « Au milieu des événements qui nous pressent, sera-t-il permis au législateur de tourner ses méditations vers ces paisibles débats de la science? Verrons-nous renaître bientôt ces moments de calme, où la solution des grandes questions politiques laissent une place ouverte aux discussions sans aigreur, qui éclairent les intérêts civils? Personne ne fait des vœux plus sincères que nous, pour que la France, déchargée du poids de sinistres préoccupations, ait enfin quelques loisirs à consacrer à des travaux, que le fracas des révolutions épouvante, que l'ambition bruyante semble dédaigner, mais qui jamais ne s'ajournent sans malaise pour la société. »

Jamais paroles ne s'approprièrent mieux à notre situation actuelle. Des préoccupations toujours renaissantes, la marche de la société vers un avenir inconnu, détournent les esprits des travaux plus modestes et des améliorations qui pourraient se produire dans nos lois civiles. Qui donc aujourd'hui s'occupe encore de la réforme hypothécaire, et comment en parler, lorsque l'avenir de notre pays lui-même est en question?

Espérons qu'il n'en sera pas toujours ainsi; espérons que des temps plus calmes viendront où la France, forte et respectée au dehors, parce qu'elle aura mis un terme à ses divisions intérieures, reprendra la place qu'elle occupait à la tête du progrès. Déjà les nations voisines qui n'avaient fait que nous suivre dans cette voie en copiant nos codes, nous ont devancé en y apportant les améliorations que la pratique avait signalées. Nous appelons de tous nos vœux le moment où la France affirmera de nouveau son droit à ces conquêtes pacifiques dans le domaine de la science.

BIBLIOTHÈQUE NATIONALE R.F. IMPRIMÉS

FIN.

TABLE DES MATIÈRES

INTRODUCTION.

CHAPITRE PREMIER.

CHAPITRE DEUXIÈME.

CHAPITRE TROISIÈME.

CHAPITRE QUATRIÈME.

CHAPITRE CINQUIÈME.

CHAPITRE SIXIÈME.

CORBEIL. — TYP. ET STÉR. DE CRÉTÉ FILS.

BIBLIOTHÈQUE NATIONALE R.F. IMPRIMÉS

A LA MÊME LIBRAIRIE

SIEYE (VICTOR), docteur en droit, avocat à la Cour d'appel. — **Traité sur l'adultère** considéré au point de vue historique et juridique chez les peuples de l'antiquité, à Rome, dans le droit canon et dans la législation française. 1 vol. in-8°. 1875.................. 7 fr.

FABRE (EMILE), docteur en droit, avocat à la Cour d'appel. — **De l'accusation publique** chez les anciens peuples de Rome et dans le droit français. 1 vol. in-8°. 1875.......................... 7 fr.

LÉONEL OUDIN, avocat. — **Le Code de commerce** mis en concordance article par article avec les principales législations étrangères. 1 vol. in-8°. 1875.. 4 fr.

RIPERT (EMILE), docteur en droit. — **Essai sur la vente commerciale.** (Ouvrage couronné par la Faculté de droit d'Aix.) 1 vol. in-8°. 1875... 4 fr.

HOECHSTER, avocat, docteur en droit, ancien professeur de droit à l'Université de Berne, AUGUSTE SACRÉ et LÉONEL OUDIN, avocats. — **Manuel de droit commercial français et étranger, contenant la législation des pays suivants** : France, Belgique, Italie, Espagne, Portugal, Allemagne, Alsace-Lorraine, Autriche, Hongrie, Pays-Bas, Cantons Suisses, Russie, Pologne, Suède, Danemark, Norwége, Angleterre, États-Unis, Brésil, Pérou, Chili, Pays-Musulmans, Confédération argentine, Amérique centrale, Mexique, **à l'usage des jurisconsultes et des commerçants.** 1 vol. in-8°... 12 fr.

TISSOT, doyen honoraire de la Faculté des lettres de Dijon, correspondant de l'Institut. — **Le mariage, la séparation et le divorce.** 1868. 1 vol. in-8°.................................. 6 fr.

— **Principes du droit public.** *Première partie :* Introduction philosophique à l'**étude du droit constitutionnel.** 1872. 1 vol. in-8°.. 9 fr.

— *Deuxième partie :* Introduction philosophique à l'**étude du droit international.** 1872. 1 vol. in-8°.............................. 9 fr.

— **Introduction philosophique à l'étude du droit pénal.** 1874. 1 vol. in-8°... 9 fr.

— **Introduction historique à l'étude du droit** considéré dans les faits, les mœurs, les usages, les institutions et les lois, 1re PARTIE : le **droit dans les faits.** 1 vol. in-8. 1875................ 9 fr.

Ouvrage honoré d'une médaille de 1,000 fr. par l'académie des sciences morales et politiques.

CORBEIL. — Typ. et stér. de CRÉTÉ FILS.

www.ingramcontent.com/pod-product-compliance
Ingram Content Group UK Ltd.
Pitfield, Milton Keynes, MK11 3LW, UK
UKHW021058200726
13857UKWH00003B/990